일본어 듣기 첫걸음

혼자서도 할 수 있는

일본어 듣기 첫걸음

한국외국어대학교 일본학술도서편찬위원회

일본어 듣기의 새로운 기준

패턴 문형만 따라 익히면 일본어 듣기 말하기가 저절로 술술~

HU:iNE

머리말

이 책은 한국외국어대학교 일본어교재편찬위원회가 2003년에 출간한『일본어 듣기 연습』을 개정한 것이다.

『일본어 듣기 연습』은 청취능력을 배양함과 동시에 언어 운용능력을 향상시키기 위하여 일본 국제교류기금의 지원을 받아 집필된 교재였다. 이번에 개정된『일본어 듣기 첫걸음』의 경우 기존의 교재가 청취에 필요한 테이프 양이 많아 수업 중에 제대로 활용되지 못했던 점을 고려하여 녹음 분량을 대폭 수정하였다. 신출단어도 원어민의 발음을 듣고 연습할 수 있도록 새롭게 추가 녹음하였으며 시대와 동떨어진 본문을 일부 교체하여 실용적이고 다양한 청취가 가능하도록 내용의 범위를 넓혔다.

한편 세부사항에 대해서는 다음과 같은 원칙을 세워 진행하였다.

1. 기본 문형은 1학년에서 학습하는『초급현대일본어』와『일본어회화 I』의 진행 상황을 고려하여 제시하였다.
2. 신출단어에는 공통어 악센트를 표시하여 음의 높낮이에 주의하는 습관을 들이도록 유도하였으며 특히 전반부에서는 주의해야 할 발음을 제시하였다.
3. 본문은 히라가나 표기를 원칙으로 하고 기출단어인 경우에 한하여 한자를 제시하였다. 또 본문 대화 다음에 1~3개의 질문을 두어 내용을 이해하였는지를 확인할 수 있도록 하였다.
4. 문형연습에서는 기본문형을 충분히 습득할 수 있도록 다양한 형태로 제시하였으며 교수와 학생, 학생과 학생들이 실제로 대화를 주고받는 가운데 청취 및 회화능력을 향상시킬 수 있도록 하였다.
5. 응용연습에서는 듣고 푸는 문제를 다양하게 제시하여 학습자들의 듣기 실력을 향상시키는데 주력하였다.

끝으로 이 책을 출판함에 있어 힘써주신 한국외국어대학교 지식출판원에 심심한 감사를 표하며 아무쪼록 이 교재를 활용하여 일본어듣기능력을 크게 증진시키길 바라마지 않는다.

2010년 2월 25일

한국외국어대학교 일본어교재편찬위원회

차례

あいうえお

1

はつおんの れんしゅう 1

(1)

a	i	u[ɯ]	e	o
あ	い	う	え	お
ア	イ	ウ	エ	オ

① あ い ______　② ______　③ ______
④ ______　⑤ ______

(2)

ka	ki	ku[kɯ]	ke	ko
か	き	く	け	こ
カ	キ	ク	ケ	コ

① か お ______　② ______　③ ______
④ ______　⑤ ______

(3)

sa	shi[ɕi]	su[sɯ]	se	so
さ	し	す	せ	そ
サ	シ	ス	セ	ソ

① か さ ______　② ______　③ ______
④ ______　⑤ ______

(4)

ta	chi[tɕi]	tsu [tsɯ]	te	to
た	ち	つ	て	と
タ	チ	ツ	テ	ト

① た き　② ＿＿＿＿　③ ＿＿＿＿
④ ＿＿＿＿　⑤ ＿＿＿＿

(5)

na	ni	nu[nɯ]	ne	no
な	に	ぬ	ね	の
ナ	ニ	ヌ	ネ	ノ

① な か　② ＿＿＿＿　③ ＿＿＿＿
④ ＿＿＿＿　⑤ ＿＿＿＿

(6)

ha	hi[çi]	hu[ɸɯ]	he	ho
は	ひ	ふ	へ	ほ
ハ	ヒ	フ	ヘ	ホ

① は な　② ＿＿＿＿　③ ＿＿＿＿
④ ＿＿＿＿　⑤ ＿＿＿＿

(7)

ma	mi	mu[mɯ]	me	mo
ま	み	む	め	も
マ	ミ	ム	メ	モ

① く ま　② ＿＿＿＿　③ ＿＿＿＿
④ ＿＿＿＿　⑤ ＿＿＿＿

(8)

ya		yu		yo
や		ゆ		よ
ヤ		ユ		ヨ

① や　ま ______　② ______　③ ______
④ ______　⑤ ______

(9)

ra	ri	ru[rɯ]	re	ro
ら	り	る	れ	ろ
ラ	リ	ル	レ	ロ

① ら　く ______　② ______　③ ______
④ ______　⑤ ______

(10)

wa				o
わ				を
ワ				ヲ

① わ　た　し ______　② ______　③ ______
④ ______　⑤ ______

はつおんの れんしゅう 2

(1)

ga	gi	gu[gɯ]	ge	go
が	ぎ	ぐ	げ	ご
ガ	ギ	グ	ゲ	ゴ

① かがみ ② ______ ③ ______
④ ______ ⑤ ______

(2)

za	ji[dzi]	zu[dzɯ]	ze	zo
ざ	じ	ず	ぜ	ぞ
ザ	ジ	ズ	ゼ	ゾ

① ひざ ② ______ ③ ______
④ ______ ⑤ ______

(3)

da	ji[dzi]	zu[dzɯ]	de	do
だ	ぢ	づ	で	ど
ダ	ヂ	ヅ	デ	ド

① ともだち ② ______ ③ ______
④ ______ ⑤ ______

(4)

ba	bi	bu[bɯ]	be	bo
ば	び	ぶ	べ	ぼ
バ	ビ	ブ	ベ	ボ

① ばら ② ______ ③ ______
④ ______ ⑤ ______

はつおんの れんしゅう 3

(1)

pa	pi	pu[ɯ]	pe	po
ぱ	ぴ	ぷ	ぺ	ぽ
パ	ピ	プ	ペ	ポ

① ぱらぱら　② ＿＿＿＿　③ ＿＿＿＿

(2)

kya	kyu	kyo
きゃ　キャ	きゅ　キュ	きょ　キョ
gya	gyu	gyo
ぎゃ　ギャ	ぎゅ　ギュ	ぎょ　ギョ

① きゃく　② ＿＿＿＿　③ ＿＿＿＿

④ ＿＿＿＿　⑤ ＿＿＿＿　⑥ ＿＿＿＿

(3)

sha	shu	sho
しゃ　シャ	しゅ　シュ	しょ　ショ
ja	ju	jo
じゃ　ジャ	じゅ　ジュ	じょ　ジョ

① しゃもじ　② ＿＿＿＿　③ ＿＿＿＿

④ ＿＿＿＿　⑤ ＿＿＿＿　⑥ ＿＿＿＿

(4)

cha	chu	cho
ちゃ　チャ	ちゅ　チュ	ちょ　チョ
ja	ju	jo
ぢゃ　ヂャ	ぢゅ　ヂュ	ぢょ　ヂョ

① おもちゃ　② ＿＿＿＿　③ ＿＿＿＿

(5)

nya	nyu	nyo
にゃ　ニャ	にゅ　ニュ	にょ　ニョ

① ニャーニャー　② ______　③ ______

(6)

hya	hyu	hyo
ひゃ　ヒャ	ひゅ　ヒュ	ひょ　ヒョ
bya	byu	byo
びゃ　ビャ	びゅ　ビュ	びょ　ビョ
pya	pyu	pyo
ぴゃ　ピャ	ぴゅ　ピュ	ぴょ　ピョ

① ひゃく　② ______　③ ______
④ ______　⑤ ______　⑥ ______
⑦ ______　⑧ ______　⑨ ______

(7)

mya	myu	myo
みゃ　ミャ	みゅ　ミュ	みょ　ミョ

① みゃく　② ______　③ ______

(8)

rya	ryu	ryo
りゃ　リャ	りゅ　リュ	りょ　リョ

① がいりゃく　② ______　③ ______

はつおんの れんしゅう 4

(1)

aa → aː

おかあさん　おばあさん　カード　スカート

ii → iː

おじいさん　おにいさん　キー　チーズ

uu → uː

すうがく　ゆうびんきょく　クーラー　ニュース

ee ei → eː

おねえさん　えいご　ケーキ　セーター

oo ou → oː

とお　おとうさん　コーヒー　ドーナツ

(2)

-kk-

せっけん　がっこう　サッカー　ノック

-ss(ʃ)-

まっすぐ　ざっし　いっせい　キャッシュ

-tt(ʧ,ʦ)-

まったく　きって　マッチ　ピーナッツ

-pp-

いっぱい(一杯)　きっぷ(切符)　トップ　ラップ

(3) ん[m] + ば・ぱ・ま行

えんぴつ　しんぶん　コンマ　コンパス

ん[n] + さ・ざ・た・だ・な・ら行

せんせい　かんじ　うんてん　もんだい

さんにん　べんり(便利)

ん[ŋ] + か・が行

かんこく(韓国)　おんがく(音楽)　インク　ロング

ん[ɴ] + あ・は・や・わ行・끝 음

れんあい(恋愛)　はんい(範囲)　よんひゃく(四百)　インフルエンザ

ほんや(本屋)　くんよみ(訓読)　でんわ(電話)　だんわ(談話)

ほん(本)　いちまん(一万)

はじめまして 2

체크포인트

1 おはようございます

2 はじめまして どうぞ よろしく おねがいします

3 これは ほんです

それは なんですか

4 はい、これは ほんです

いいえ、これは ほんでは ありません

5 わたし、あなた

6 これ、それ、あれ、どれ

✿ 새로 나온 단어

おはよう	なん・なに	どうぞ
おはようございます	にほんご	よろしく
いい	～の	おねがいします
てんき	ほん(本)	はじめて
です	テープ	しんにゅうせい(新入生)
～ね	みなさん	はい
そう	はじめまして	いいえ
せんせい(先生)	わたし	～じゃ ありません
それ・これ・あれ・どれ	なまえ	にねんせい(二年生)

✿ 발음연습

(1) せんせい[senseː] ↔ こんばんは[kombaɴwa]

(2) みなさん[minasaɴ] ↔ おんがく[oŋgakɯ]

(3) はじめまして[hazimemaʃite] ↔ こんにちは[konnitʃiwa]

(4) はな[hana] ↔ わたしは[wataʃiwa]

(5) ～では[dewa] ありません ↔ ～じゃ[ʒa] ありません

I

がくせい	おはようございます。
せんせい	おはよう。
がくせい	いい てんきですね。
せんせい	そうですね。
がくせい	せんせい、それは なんですか。
せんせい	ああ、これ。これは にほんごの ほんと テープです。

質問1 ____________________

質問2 ____________________

Ⅱ

先生	みなさん、はじめまして。 わたしの なまえは たなか とおるです。 にほんごの せんせいです。 どうぞ よろしく。
キム	はじめまして。 わたしは キム スホです。 どうぞ よろしく おねがいします。

質問 ____________________

Ⅲ

先生	あなたの なまえは なんですか。
イ	わたしは イ ミナです。よろしく おねがいします。
先生	イ ミナさんは にほんごは はじめてですか。
イ	はい、そうです。
先生	しんにゅうせいですか。
イ	いいえ、しんにゅうせいじゃ ありません。 わたしは にねんせいです。

質問1 ____________________

質問2 ____________________

문형연습

1. 예문과 같이 바꾼 다음 소리 내어 읽어보세요.

おはようございます。
　せんせい → せんせい、おはようございます。
おはよう。
　たなかさん → たなかさん、おはよう。

(1) おはようございます。
　　たなかさん　→ ________________
(2) こんにちは。
　　すずきさん　→ ________________
(3) こんばんは。
　　キムさん　→ ________________
(4) さようなら。
　　イさん　→ ________________
(5) おやすみなさい。
　　もりたさん　→ ________________

2. 예문과 같이 대답해 보세요.

あなたは がくせいですか。
　いいえ → いいえ、がくせいじゃありません。
これは つくえですか。
　テーブル → いいえ、それは テーブルです。

(1) あなたは せんせいですか。
　　いいえ　→ ________________

(2) それは ボールペンですか。

まんねんひつ → ______________________

(3) キムさんは がくせいですか。

いいえ → ______________________

(4) それは ノートですか。

ほん → ______________________

(5) あれは まどですか。

ドア → ______________________

3. 예문과 같이 인사해 보세요.

はじめまして。

なかた → はじめまして、なかたです。

よろしく おねがいします。

どうぞ → どうぞ よろしく おねがいします。

(1) はじめまして。

たなか → ______________________

(2) よろしく おねがいします。

どうぞ → ______________________

(3) はじめまして。

なかやま → ______________________

(4) よろしく おねがいします。

こちらこそ → ______________________

(5) はじめまして。

すずき → ______________________

4. 예문과 같이 바꿔서 말해 보세요.

にほんごの せんせいです。

わたし → <u>わたしは にほんごの せんせいです</u>。

えいごの せんせいですか。

きむらさん → <u>きむらさんは えいごの せんせいですか</u>。

(1) えいごの せんせいです。

わたし → ______________________

(2) フランスごの せんせいですか。

ピエールさん → ______________________

(3) にほんごの がくせいです。

キムさん → ______________________

(4) ドイツごの ほんです。

それ → ______________________

(5) なんですか。

これ → ______________________

응용연습

✿ 받아쓰기 연습

(1) たなか　はじめまして、たなかです。
　　　　　どうぞ よろしく おねがいします。
　　さとう　＿＿＿＿＿＿＿＿＿＿＿＿、さとうです。
　　　　　＿＿＿＿＿＿＿＿＿＿＿＿＿＿＿＿。

(2) お →「＿＿＿＿＿＿」は 英語(えいご)で グッド モーニングです。
　　は →「はじめまして＿＿＿」は ハウ ドゥ ユ ドゥです。そして、
　　よ →「＿＿＿＿＿＿」は
　　う → ウェルカムの 意味(いみ)です。

✿ 청취 문제 연습

①	②	③
	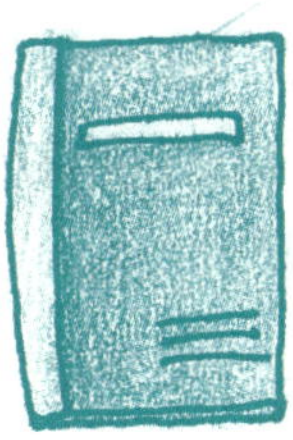	

Memo

ごめんください

3

체크포인트

1 ごめんください / しつれいします / ようこそ / いらっしゃい / どうも

2 こちら / そちら / あちら / どちら

3 どなた / だれ

4 ～の～です

✿ 새로 나온 단어

ごめんください	しつれいします	ください
どなた	いらっしゃいませ	どうも
やあ	すみません	ありがとう
ようこそ	けしゴム	ございます
こちら	えんぴつ(鉛筆)	

✿ 발음연습

(1) すみません[sɯmimaseɴ] ↔ です[desɯ]

(2) だいがく[daigakɯ] ↔ がくせい[gakɯsei]

(3) おやすみなさい[oyasɯminasai] ↔ ございます[gozaimasɯ]

I

もりた	ごめんください。
キム	はい、どなたですか。
もりた	もりたです。
キム	やあ、もりたさん、ようこそ。 どうぞ こちらへ。
もりた	しつれいします。

質問1 ______________________

質問2 ______________________

II

キム	(トントン) しつれいします。
せんせい	はい、どうぞ。
キム	キムです。
せんせい	やあ、いらっしゃい。

質問1 ____________________

質問2 ____________________

III

客(きゃく)	すみません。
店員(てんいん)	いらっしゃいませ。
客	けしゴムと えんぴつ ください。
店員	はい、どうぞ。
客	どうも。
店員	ありがとう ございました。

質問1 ______________________________

質問2 ______________________________

1. 예문과 같이 바꾼 다음 소리 내어 읽어보세요.

たなかさん、それは ほんですか。
　いいえ、ノート → いいえ、これは ほんじゃありません。ノートです。
さとうさん、これは ノートですか。
　いいえ、ほん → いいえ、それは ノートじゃありません。ほんです。

(1) さとうさん、それは ほんですか。
　　いいえ、ノート → ______
(2) すずきさん、これは まんねんひつですか。
　　いいえ、シャープペンシル → ______
(3) なかむらさん、あれは きょうしつですか。
　　いいえ、じむしつ → ______
(4) わたなべさん、これは おちゃですか。
　　いいえ、ラジオ → ______
(5) はやしさん、それは テープですか。
　　いいえ、はこ → ______

2. 예문과 같이 바꿔서 말해 보세요.

これ ください。えんぴつ → えんぴつ ください。
それ ください。けしゴム → けしゴム ください。

(1) これ ください。テープ → ______
(2) あれ ください。ボールペン → ______
(3) これ ください。まんねんひつ → ______
(4) それ ください。ほんと ノート → ______
(5) あれ ください。かばんと くつ → ______

3. 예문과 같이 바꿔서 말해 보세요.

どなたですか。

　キムスホ → キムスホですが、せんせいは いらっしゃいますか。

どなたですか。

　たなか → たなかですが、せんせいは いらっしゃいますか。

(1) どなたですか。

　イミナ → ______

(2) どなたですか。

　ユンソヨン → ______

(3) どなたですか。

　もりた → ______

(4) どなたですか。

　なかむら → ______

(5) どなたですか。

　ハンジフン → ______

4. 예문과 같이 바꿔서 말해 보세요.

やあ、もりたさん、ようこそ。

　たなか → やあ、たなかさん、ようこそ。

　キム → やあ、キムさん、ようこそ。

やあ、たなかさん、ようこそ。

(1) いけうち → ______

(2) なかむら → ______

(3) イ → ______

(4) きたはら → ______

(5) こばやし → ______

✿ 받아쓰기 연습

もりた　　　　　ごめんください。

キムのおかあさん　　はい、＿＿＿＿＿＿＿＿。

もりた　　　　　キムさんの　ともだちの　もりたですが。

キムのおかあさん　　まあ、＿＿＿＿＿＿＿＿。どうぞ　こちらへ。

✿ 청취 문제 연습

	①	②	③
(1)			
(2)			

Memo

あれは だれの かばんですか 4

체크포인트

1 ～のです

2 この / その / あの / どの

✿ 새로 나온 단어

かばん	たいへん
だれ	くろ
いろ	ともだち(友だち)
みんな	クラスメート
おなじだから(同じだから)	かんこく(韓国)
くべつ(区別)	

✿ 발음연습

(1) おばあさん[oba:saɴ] ↔ おばさん[obasaɴ]
(2) おじいさん[ozi:saɴ] ↔ おじさん[ozisaɴ])
(3) くうき[ku:ki] ↔ くき(茎)[kuki]
(4) おねえさん[one:saɴ] ↔ しつれい[sitsɯre:]
(5) どうも[do:mo] ↔ どれ[dore]
(6) どうぞ[do:zo] ↔ とお[to:]

I

キム	イさん、こちらは わたしの 友だちの 森田さんです。 森田さん、こちらは クラスメートの イ ミナさんです。
森田	はじめまして、森田つとむです。 どうぞ よろしく おねがいします。
イ	はじめまして、イ ミナです。よろしく おねがいします。 森田さんは かんこくは はじめてですか。
森田	はい、そうです。

質問1　①　　　　　　②　　　　　　③

質問2　①　　　　　　②　　　　　　③

Ⅱ

イ	森田さん、あれ 森田さんの かばんですか。
森田	いいえ、あれは わたしの かばんじゃありません。わたしのは それです。
イ	これですか。じゃ、あの かばんは だれのですか。
森田	あれは キムさんのです。
イ	いろが みんな おなじだから くべつが たいへんですね。
森田	そうですね。みんな くろですね。イさんの かばんは どれですか。
イ	わたしのは これです。

質問1 ______________________________

質問2 ______________________________

문형연습

1. 예문과 같이 바꾼 다음 소리 내어 읽어보세요.

クラスメートの たなかさんです。
　ともだち → ともだちの たなかさんです。
やきゅう せんしゅうの すずきさんです。
　クラスメート → クラスメートの すずきさんです。

(1) クラスメートの いのうえさんです。
　ともだち → ________________

(2) いしゃの さとう せんせいです。
　たんにん → ________________

(3) かいしゃいんの なかむらさんです。
　こうむいん → ________________

(4) かしゅの スージーさんです。
　ピアニスト → ________________

(5) だいがくせいの イミナです。
　サークルの メンバー → ________________

2. 예문과 같이 바꿔서 말해 보세요.

はやしさんの せんこうは なんですか。
　にほんぶんがく→ わたしの せんこうは にほんぶんがくです。
なかむらさんの せんこうは なんですか。
　えいぶんがく→ わたしの せんこうは えいぶんがくです。

(1) すぎもとさんの せんこうは なんですか。
　にほんごがく(日本語学) → ________________

(2) さとうさんの せんこうは なんですか。

すうがく(数学) → ________________

(3) なかたさんの せんこうは なんですか。

けいざいがく(経済学) → ________________

(4) すずきさんのせんこうはなんですか。

こうがく(工学) → ________________

(5) たかやまさんの せんこうは なんですか。

ぼうえきがく(貿易学) → ________________

3. 예문과 같이 바꿔서 말해 보세요.

この かばんは だれのですか。

たかはしさん → それは たかはしさんのです。

その ほんは だれのですか。

なかやまさん → これは なかやまさんのです。

(1) この かばんは だれのですか。

さとうさん → ________________

(2) その かばんは だれのですか。

すずきさん → ________________

(3) あの えんぴつは だれのですか。

キムさん → ________________

(4) この コンピューターは だれのですか。

たなかさん → ________________

(5) その ノートは だれのですか。

わたし → ________________

4. 예문과 같이 바꿔서 말해 보세요.

イさんの かばんは どれですか。　　これ → イさんのは これです。
もりたさんの かばんは どれですか。　あれ → もりたさんのは あれです。

(1) キムさんの かばんは どれですか。
　　これ → ____________________

(2) ユンさんの かばんは どれですか。
　　それ → ____________________

(3) なかむらさんの ほんは どれですか。
　　あれ → ____________________

(4) ハンさんの まんねんひつは どれですか。
　　これ → ____________________

(5) せんせいの かばんは どれですか。
　　あれ → ____________________

✿ 받아쓰기 연습

A	すみません。あの くろの かばん、＿＿＿＿＿ですが。
B	ああ、＿＿＿＿＿ですか。はい、＿＿＿＿＿。
A	ありがとう ございます。

✿ 청취 문제 연습

	①	②	③
(1)			
(2)			

(3)

① (1)			⑤ (3)	
②				
	④ (2)			(4)
③				

Memo

5 えきの　ちかくに　あります

체크포인트

1 ～あります / ～います

2 ～で、～です。

3 方向 / 位置

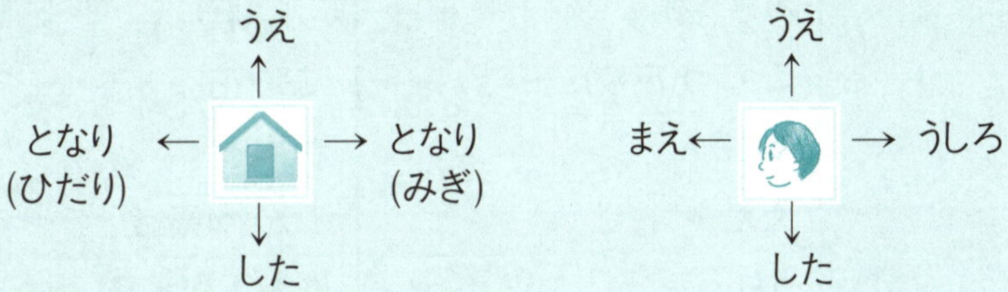

4 こちら / そちら / あちら / どちら

5 いち、に、さん、よん、ご、ろく、しち、はち、きゅう、じゅう、じゅういち、じゅうに、…

✿ 새로 나온 단어

えき(駅)	～や	ちち(父)
ここ・そこ・あそこ・どこ	マンション	はは(母)
この・その・あの・どの	など	あに(兄)
たてもの(建物)	ほか(他)の	あね(姉)
うしろ(後ろ)	がっこう(学校)	います
～に	ひだり(左)	おとうと(弟)
あります	しょうがっこう(小学校)	いもうと(妹)
どう いたしまして	ちゅうがっこう(中学校)	いません
だいがく(大学)	そして	かいしゃいん(会社員)
ちかく(近く)	みぎ(右)	にわ(庭)
とほ(徒歩)	こうこう(高校)	はな(花)
ふん(分)	たくさん	き(木)
ぐらい	ええ	でんわ(電話)
まわり	うち	ばんごう(番号)
どんな	～にん(人)	～ばん(番)
ぎんこう(銀行)	かぞく(家族)	

✿ 발음연습

(1) じゃんけん[ʒaŋkeɴ] ↔ ざぶとん[zabɯtoɴ]
(2) ジュース[ʒuːsɯ] ↔ ちず[ʧizɯ]
(3) ジョーク[ʒoːkɯ] ↔ どうぞ[doːzo]

I

通行人(つうこうにん)A	すみません。えきは どこでしょうか。
通行人B	駅(えき)ですか。駅は、ええと、あの たてものの うしろに あります。
通行人A	そうですか。ありがとう ございます。
通行人B	いいえ、どう いたしまして。

質問1 ______________________

質問2 ______________________

II

山田	大学(だいがく)の まわりに どんな たてものが ありますか。
キム	ぎんこうや マンションなどが あります。
山田	近(ちか)くに ほかの がっこうも ありますか。
キム	はい、あります。うしろには　大学が、ひだりには　しょうがっこうと ちゅうがっこうが あります。そして、みぎには こうこうも あります。
山田	そうですか。学校(がっこう)が たくさん ありますね。
キム	ええ。

質問1 ______________________

質問2 ①　②　③　④

Ⅲ

わたしの なまえは キム スホです。
わたしの うちは ごにん かぞくです。
ちちと はは、あにと あねが います。おとうとや いもうとは いません。
あには かいしゃいんで、あねは だいがく さんねんせいです。
にわには はなや きが たくさん あります。
でんわばんごうは さん に よん いちの ご しち ろく はち ばんです。
みなさん、よろしく おねがいします。

質問1 ______________________

質問2 ______________________

문형연습

1. 예문과 같이 바꾼 다음 소리 내어 읽어보세요.

例) かばんの なかに なにが ありますか。
　　ほんと ノート → ほんと ノートが あります。
　　へやの なかに だれが いますか。
　　たなかさん → たなかさんが います。

(1) かばんの なかに なにが ありますか。
　　ノートと えんぴつ → ______________________

(2) わたしの みぎに だれが いますか。
　　たかはしさん → ______________________

(3) つくえの うえに なにが ありますか。
　　にほんごの ほん → ______________________

(4) いけの なかに なにが いますか。
　　さかな → ______________________

(5) さとうさんの ひだりに だれが いますか。
　　あやのさん → ______________________

2. 예문과 같이 바꾼 다음 소리 내어 읽어보세요.

例) わたしの いえは スーパーの となりに あります。
　　みぎ → みぎに あります
　　ねこは いすの うえに います。
　　そば → ねこは いすの そばに います。

(1) わたしの いえは えきの となりに あります。
　　うしろ → ______________________

(2) キムさんは わたしの まえに います。

そば → ______________________

(3) かばんは つくえの となりに あります。

ひだり → ______________________

(4) コピーやは がっこうの まえに あります。

うしろ → ______________________

(5) すずきさんは きの したに います。

うえ → ______________________

3. 예문과 같이 대답해 보세요.

例) へやに だれか いますか。

はい → はい、います。

いいえ → いいえ、だれも いません。

(1) きょうしつの なかに だれか いますか。

はい → ______________________

(2) あの たてものの まえに だれか いますか。

いいえ → ______________________

(3) いけの なかに なにか ありますか。

はい → ______________________

(4) かばんの なかに なにか ありますか。

いいえ → ______________________

(5) きの したに なにか いますか。

いいえ → ______________________

4. 예문과 같이 바꿔서 말해 보세요.

例) もりたさんの　おとうさんは　かいしゃいんですか。
こうこうの　せんせい → いいえ、ちちは　こうこうの　せんせいです。

(1) さとうさんの　おとうさんは　せんせいですか。
かいしゃいん → ______________________

(2) なかむらさんの　おねえさんは　かいしゃいんですか。
だいがくせい → ______________________

(3) たかはしさんの　おかあさんは　せんせいですか。
しゅふ → ______________________

(4) イミナさんの　おばさんは　かんごふですか。
いしゃ → ______________________

(5) キムさんの　おじさんは　やきゅうせんしゅですか。
サッカーせんしゅ → ______________________

5. 예문과 같이 한 문장으로 합쳐 보세요.

例) おとうとは　ちゅうがくせいです。いもうとは　しょうがくせいです。
→ おとうとは　ちゅうがくせいで、いもうとは　しょうがくせいです。

(1) おとうとは　ちゅうがく　さんねんせいです。いもうとは　しょうがく　ごねんせいです
→ ______________________

(2) ちちは　かいしゃいんです。ははは　こうこうの　せんせいです。
→ ______________________

(3) あねは　だいがくせいです。あには　サッカーせんしゅです。
→ ______________________

(4) わたしは　にほんごかの　がくせいです。わたしは　いちねんせいです。
→ ______________________

(5) かんこくの　しゅとは　ソウルです。にほんの　しゅとは　とうきょうです。
→ ______________________

응용연습

✿ 받아쓰기 연습

(1)	A	へやの なかには なにが ありますか。
	B	＿＿＿＿＿＿が あります。
(2)	A	へやの なかに だれが いますか。
	B	＿＿＿＿＿＿が います。

✿ 청취 문제 연습

(1)	① 	② 	③ 
(2)	①  	②  	③ 
(3)	① 	② 	③ 

(4)

① ぎんこうの ＿＿＿＿＿＿＿＿に あります。

② いいえ、びょういんの ＿＿＿＿＿＿＿＿に あります。

③ はい、＿＿＿＿＿＿＿＿です。

Memo

とても おいしいですね 6

체크포인트

1 あかいです / あかい はな / あかく ありません

2 ひとつ、ふたつ、みっつ、よっつ、いつつ、むっつ、ななつ、やっつ、ここのつ、とお

3 ～本(ほん・ぼん・ぽん) / ～百(ひゃく・びゃく・ぴゃく) / ～階(かい)

4 ～から / ～ので

✿ 새로 나온 단어

あかい	じゅっぽん	としょかん(図書館)
ばら	ケーキ	～かい(階)
いくら	おちゃ(お茶)	じしょ(辞書)
いっぽん	いただきます	ざっし(雑誌)
ごひゃくえん	とても	げんしょ(原書)
たかい	おいしい	さんこうとしょ(参考図書)
ちょっと	もう	えつらんしつ(閲覧室)
きいろい	ひとつ	せき(席)
あまり	いかが	みぎがわ(右側)
さんびゃくえん	けっこう	せんぱい(先輩)
～から	ごちそうさま	ひだりがわ(左側)
ごほん		

✿ 발음연습

(1) おはよう [ohayo:] ↔ オハイオ [ohaio]

(2) びょういん[byo：iɴ] ↔ びよういん[biyo：iɴ]

(3) りょう[ryo:] ↔ りよう[riyo:]

(4) ひゃく[haykɯ] ↔ ひやく(飛躍)[hiyakɯ]

I

イ	ケーキと おちゃを どうぞ。
中村	ありがとう。いただきます。あ、ケーキが とても おいしいですね。
イ	そうですか。もう ひとつ いかがですか。
中村	いいえ、もう けっこうです。ごちそうさまでした。

質問1 ________________

質問2 ① ② ③ ④

Ⅱ

キム　ここが　としょかんです。どうぞ、なかへ。

森田　日本語(にほんご)　かんけいの　本(ほん)は　どこに　ありますか。

キム　この　建物(たてもの)の　いち、に　かいに　あります。一階(いっかい)には　じしょや　ざっし　などが　あります。そして、二階(にかい)には　げんしょや　さんこうとしょが　あります。

森田　えつらんしつは　どこですか。

キム　さん、よん、ご　かいです。

キム　ここが　わたしの　せきです。

森田　となりは　だれの　席(せき)ですか。

キム　右(みぎ)がわは　せんぱいの　席(せき)で、左(ひだり)がわは　クラスメートの　イミナさんの　席(せき)です。

質問1 ＿＿＿＿＿＿＿＿＿＿＿＿＿＿＿＿＿＿＿＿

質問2　①　②　③　④

質問3　①　②　③　④

Ⅲ

店員	いらっしゃいませ。
客	その あかい ばらは いくらですか。
店員	これは いっぽん ごひゃくえん です。
客	たかいですね。
店員	ええ、ちょっと 高いです。
客	あれは いくらですか。
店員	どれですか。
客	あの きいろい ばらです。
店員	あれですか。あれは あまり たかく ありません。 いっぽん さんびゃく えんです。
客	じゃ、赤い バラは たかいから ごほん、きいろい バラは じゅっぽん ください。
店員	はい、ありがとう ございます。

質問1 ________________________

質問2 ________________________

質問3 ________________________

1. 예문과 같이 바꾼 다음 소리 내어 읽어보세요.

例) この お茶、あたたかい → この お茶 あたたかいですね。

(1) この お菓子(おかし)、おいしい → ______

(2) この 映画(えいが)、おもしろい → ______

(3) この 部屋(へや)、せまい → ______

(4) 富士山(ふじさん)、たかい → ______

(5) 韓国(かんこく)の 空(そら)、あおい → ______

2. 예문과 같이 대답해 보세요.

例) 赤いですか。
いいえ → いいえ、赤く ありません。

(1) 黄色いですか。
いいえ → ______

(2) かわいいですか。
いいえ → ______

(3) 楽しいですか。
いいえ → ______

(4) 広いですか。
いいえ → ______

(5) 低いですか。
いいえ → ______

3. 예문과 같이 바꾼 다음 소리 내어 읽어보세요.

例) すみません。お茶、ひとつ おねがいします。
　　ふたつ → すみません。お茶、ふたつ おねがいします。

(1) いつつ　→ ______________________
(2) むっつ　→ ______________________
(3) ななつ　→ ______________________
(4) やっつ　→ ______________________
(5) ここのつ → ______________________

4. 예문과 같이 대답해 보세요.

例) もう ひとつ どうぞ。
　　いいえ、からいから → いいえ、からいから もう けっこうです。
　　いいえ、からいので → いいえ、からいので もう けっこうです。

(1) いいえ、あつかいら　→ ______________________
(2) いいえ、つめたいので　→ ______________________
(3) いいえ、にがいから　→ ______________________
(4) いいえ、あまいので　→ ______________________
(5) いいえ、からだに よく ありませんから → ______________________

✿ 받아쓰기 연습

(1)

① A　あなたの　へやは　ひろいですか。

　 B　いいえ、＿＿＿＿＿＿＿＿＿＿＿＿＿＿。

② A　すみません。＿＿＿＿＿＿＿　ありますか。

　 B　もうしわけありません。＿＿＿＿＿＿＿＿＿＿＿ありません。

(2)

① これは　いっぽん　＿＿＿＿＿＿＿　えんです。

② それは　いっこ　＿＿＿＿＿＿＿　えんです。

③ あれは　ひとつ　＿＿＿＿＿＿＿　えんです。

④ あの　辞書(じしょ)は　いっさつ　＿＿＿＿＿＿　えんです。

⑤ この　自転車(じてんしゃ)は　いちだい　＿＿＿＿＿＿　えんです。

✿ 청취 문제 연습

(1)

①

②

③

(2)

①　②　③　④　⑤　⑥

a

b

c

d

e

f

Memo

おんがくが　すきです　7

체크포인트

1 ～です

～では(じゃ) ありません

2 ～は～ではありませんが、～は～です

✿ 새로 나온 단어

テニス	きっと	にがて
ラケット	だいじょうぶ	うた
スカッシュ	ところで	ポップス
うんどう(運動)	しゅみ(趣味)	えんか(演歌)
なんでも	おんがく(音楽)	めずらしい
すき(好き)	かんしょう(鑑賞)	こんばん(今晩)
たいてい	すてき	カラオケ
うらやましい	ジャンル	～でも
まったく	クラシック	あいにく
だめ	ジャズ	きょう(今日)
むずかしい(難しい)	ロック	せんやく(先約)
ルール	ぼく	また
かんたん(簡単)	きらい	こんど(今度)
そんなに	すこし	

✿ 발음연습

(1) かこう(下降)[kako:] ↔ かっこう(格好)[kakko:]

(2) いっさい(一歳)[issai] ↔ いさい(異彩)[isai]

(3) ざっし[zaʃʃi] ↔ さし(差し)[saʃi]

(4) いてん(移転)[iteɴ] ↔ いってん(一点)[itteɴ]

(5) いちばん(一番)[iʧibaɴ] ↔ いっぱん(一般)[ippaɴ]

I

キム	森田さん、それは テニスの ラケットですか。
森田	いいえ、これは スカッシュの ラケットです。
キム	そうですか。森田さんは うんどうは なんでも すきですか。
森田	ええ、たいていは。
キム	うらやましいですね。わたしは 運動は まったく だめです。スカッシュは むずかしいですか。
森田	ルールが かんたんだから そんなに 難しく ありません。キムさんも きっと だいじょうぶですよ。ところで、キムさんの しゅみは なんですか。
キム	おんがく かんしょうです。
森田	すてきな しゅみですね。おんがくは どんな ジャンルが 好きですか。
キム	クラシックも いいですが、ジャズや ロックも 好きです。
森田	そうですか。ぼくは ジャズは だめなんです。
キム	え、どうして、ジャズが きらいなんですか。
森田	いいえ、きらいでは ありませんが、すこし にがてです。

質問1 ＿＿＿＿＿＿＿＿＿＿＿＿＿＿＿＿

質問2 ＿＿＿＿＿＿＿＿＿＿＿＿＿＿＿＿

質問3 ＿＿＿＿＿＿＿＿＿＿＿＿＿＿＿＿

Ⅱ

キム	森田さん、森田さんは どんな うたが すきですか。
森田	そうですね。歌は 何でも 好きですけど、とくに ポップスですかね。キムさんは?
キム	わたしは えんかが 好きです。
森田	へえ、演歌ですか。めずらしいなあ。
キム	こんばん、カラオケでも いかがですか。
森田	カラオケですか。やあ、あいにく きょうは せんやくが ありますので。
キム	そうですか。じゃ、また こんど。

質問1 ＿＿＿＿＿＿＿＿＿＿＿＿＿＿＿＿

質問2 ＿＿＿＿＿＿＿＿＿＿＿＿＿＿＿＿

문형연습

1. 예문과 같이 바꾼 다음 소리 내어 읽어보세요.

私は サッカーが すきです。
　テニス、じょうず → 私は テニスが 上手です。

(1) 私は 英語が すきです。
　　日本語、じょうず → ____________________
(2) あなたは 音楽が きらいです。
　　運動(うんどう)、すき → ____________________
(3) 森田さんは 絵(え)が じょうずです。
　　歌、下手 → ____________________
(4) 田中さんは コンピューターが 得意です。
　　英語、苦手(にがて) → ____________________
(5) 中村さんは スキーが 上手です。
　　ダンス、得意(とくい) → ____________________

2. 예문과 같이 대답해 보세요.

あなたの 部屋は 静かですか。
　いいえ → いいえ、静かでは ありません。
テニスは 上手ですか。
　いいえ → いいえ、上手では ありません。

(1) あなたの 部屋は きれいですか。
　　いいえ → ____________________
(2) 歌は 下手ですか。
　　いいえ → ____________________

(3) 図書館は 立派ですか。

いいえ → ______________________

(4) 教室は にぎやかですか。

いいえ → ______________________

(5) 魚(さかな)は 新鮮(しんせん)ですか。

いいえ → ______________________

3. 예문과 같이 대답해 보세요.

あなたの 趣味(しゅみ)は なんですか。

サッカー → 私の 趣味は サッカーです。

(1) 大倉(おおくら)さんの 趣味は なんですか。

野球(やきゅう) → ______________________

(2) キムさんの 趣味は なんですか。

音楽鑑賞(おんがくかんしょう) → ______________________

(3) イミナさんの 趣味は なんですか。

読書(どくしょ) → ______________________

(4) 佐藤(さとう)さんの 趣味は なんですか。

ゲーム → ______________________

(5) あなたの 趣味は なんですか。

水泳(すいえい) → ______________________

4. 예문과 같이 대답해 보세요.

部屋の 中に 何が ありますか。

きれいな 花 → 部屋の 中には きれいな 花が あります。

(1) つくえの 上に 何が ありますか。

りっぱな 時計(とけい) → ______________________

(2) 机の 上に 何が ありますか。

立派な 万年筆(まんねんひつ) → ________________

(3) かばんの 中に 何が ありますか。

すてきな 財布(さいふ) → ________________

(4) テーブルの 上に 何が ありますか。

しんせんな ジュース → ________________

(5) 駅の 前に 何が ありますか。

しずかな 公園(こうえん) → ________________

5. 예문과 같이 두 문장을 한 문장으로 만들어 보세요.

パソコンが 好きです。ピアノが 嫌(きら)いです。

→ パソコンは 好きですが、ピアノは 嫌いです。

(1) 日本語が 上手(じょうず)です。ドイツ語が 下手(へた)です。

→ ________________

(2) 歌が 上手です。絵が 下手です。

→ ________________

(3) お肉(にく)が きらいです。野菜(やさい)が 好きです。

→ ________________

(4) スポーツが 得意(とくい)です。ダンスが 苦手(にがて)です。

→ ________________

(5) カラオケが 苦手です。歌が 好きです。

→ ________________

✿ 받아쓰기 연습

(1)	① わたしの いえの まえには ＿＿＿＿＿な こうえんが あります。 ② こうえんは ＿＿＿＿＿な はなで いっぱいです。 ③ ＿＿＿＿＿な きも あります。 ④ わたしは こうえんの けしきが ＿＿＿＿＿です。
(2)	① この へやは せまいですが、＿＿＿＿＿ね。 ② おうせつまに ＿＿＿＿＿ ピアノが あります。 ③ こうつうは ＿＿＿＿＿ではありません。 ④ サッカーは ＿＿＿＿＿でも、＿＿＿＿＿でもありません。

✿ 청취 문제 연습

(1)	
(2)	
(3)	
(4)	

Memo

いま なんじですか

8

체크포인트

1 ~でした / ~だったです

2 ~ではありませんでした

3 いちじ、にじ、さんじ、よじ、ごじ、ろくじ、しちじ、はちじ、くじ、じゅうじ、じゅういち じ、じゅうにじ

4 いっぷん、にふん、さんぷん、よんぷん、ごふん、ろっぷん、ななふん、はっぷん、きゅうふん、じゅっぷん、じゅういっぷん、じゅうにふん、…

5 げつようび、かようび、すいようび、もくようび、きんようび、どようび、にちようび

✿ 새로 나온 단어

いま(今)	がんばれ	とにかく
なんじ(何時)	いよいよ	こんしゅう(今週)
～じ(時)	らいしゅう(来週)	どようび(土曜日)
～ふん(分)	ちゅうかんテスト(中間テスト)	やま
たいへん	そうか	がんばりましょう
じゅぎょう(授業)	かいわ(会話)	あと
～から	ちょうかい(聴解)	がくえんさい(学園祭)
ちこく(遅刻)	しんぱい(心配)	たのしみ
いそがないと	まじめ	
いってきます		

✿ 발음연습

(1) からす[karasɯ] ↔ ガラス[garasɯ]
(2) さくら(桜)[sakɯra] ↔ ざくろ(柘榴)[zakɯro]
(3) とく(得)[tokɯ] ↔ どく(毒)[dokɯ]
(4) はす(蓮)[hasɯ] ↔ バス[basɯ]

I

男の人　すみません。いま なんじですか。
女の人　いまですか。今(いま)は、く時(じ) ごじゅうごふんです。
男の人　わ！ たいへんだ。
女の人　じゅぎょうですか。
男の人　はい。じゅう時(じ)から じゅぎょうなんです。いまからですと、ご分(ふん) ちこくですね。
女の人　じゃ、いそがないと。
男の人　いってきます。
女の人　がんばれ。

質問1 ＿＿＿＿＿＿＿＿＿＿＿＿＿＿＿＿＿＿＿＿

質問2 ＿＿＿＿＿＿＿＿＿＿＿＿＿＿＿＿＿＿＿＿

Ⅱ

中村	いよいよ らいしゅうですね。
キム	え、なにが ですか。
中村	テストですよ。中間(ちゅうかん)テスト。
キム	あ、そうだった。日本語(にほんご)の 会話(かいわ)や 聴解(ちょうかい)、しんぱいだな。
中村	わたしは 韓国語(かんこくご)の 授業(じゅぎょう)が 心配(しんぱい)ですよ。
キム	だいじょうぶですよ。中村(なかむら)さんは まじめだから。
中村	そんなことないですよ。とにかく こんしゅうの どようびが やまですね。
キム	がんばりましょう。
中村	でも、中間(ちゅうかん)テストの あとは がくえんさいですよ。
キム	そうですね。その ひが たのしみですね。

質問1 ＿＿＿＿＿＿＿＿＿＿＿＿＿＿＿＿＿＿＿＿

質問2 ① ② ③ ④

문형연습

1. 예문과 같이 대답해 보세요.

例）いま　何時ですか。
6時10分 → いまは、ろくじ　じゅっぷんです。

(1) いま　何時ですか。
7時10分 → ________________

(2) いま　何時ですか。
8時12分 → ________________

(3) いま　何時ですか。
9時20分 → ________________

(4) いま　何時ですか。
12時53分 → ________________

(5) いま　何時ですか。
4時35分 → ________________

2. 예문과 같이 대답해 보세요.

例）じゅぎょうは　いつからですか。
9時 → じゅぎょうは　くじからです。

(1) テストは　いつからですか。
じゅうじ → ________________

(2) がくえんさいは　いつからですか。
ちゅうかんテストのあと → ________________

(3) 旅行は　いつからですか。
こんしゅうのどようび → ________________

(4) ドラマは いつからですか。

はちじはん → ______________________

(5) 試験(しけん)は いつからですか。

来週の 水曜日(すいようび) → ______________________

3. 예문과 같이 바꾸고 소리 내어 읽어 보세요.

日本語の 会話が 心配です。

日本語の 読解(どっかい) → わたしは にほんごの どっかいが しんぱいです。

英語の 講読(こうどく)は 大丈夫です。

英語の 作文(さくぶん) → わたしは えいごの さくぶんは だいじょうぶです。

(1) 日本語の 会話が 心配です。

日本語の講読(こうどく) → ______________________

(2) 英語の 作文は 大丈夫です。

英会話(えいかいわ) → ______________________

(3) 歴史(れきし)の レポートが 心配です。

経済学(けいざいがく)のレポート → ______________________

(4) 中間テストは 大丈夫です。

数学(すうがく)の テスト → ______________________

(5) 韓国語の ききとりが 心配です。

韓国語の かきとり → ______________________

응용연습

✿ 받아쓰기 연습

> ＿＿＿＿＿＿＿＿は イミナさんの ピアノのはっぴょうかいでした。
> ちょうど ＿＿＿＿＿＿＿のので、がっこうも やすみでした。
> それで、ごご ＿＿＿＿＿ みんなで パーティーを しました。
> とても たのしい ＿＿＿＿＿でした。

✿ 청취 문제 연습

	①	②	③
(1)	9362-5847	3524-4317	3493- 4312
(2)			

いっしょに いきませんか

9

체크포인트

1 ~ます / ません

2 いちがつ、にがつ、さんがつ、しがつ、ごがつ、ろくがつ、しちがつ、はちがつ、くがつ、じゅうがつ、じゅういちがつ、じゅうにがつ

3 ついたち、ふつか、みっか、よっか、いつか、むいか、なのか、ようか、ここのか、とおか、じゅういちにち、じゅうににち、…

✿ 새로 나온 단어

たんじょうび(誕生日)	こ(子)	いちにちちがい(一日違い)
いつ	プレゼント	べんきょう(勉強)
いつか(五日)	べつべつ	かえす(返す)
こどものひ	そういうこと	たべる(食べる)
だけど	あき(秋)	い(行)きます
ころ	ようか(八日)	ごはん(ご飯)
いやでした	そういえば	まだ
どうして	たしか	いっしょに
しがつ(四月)	ここのか	
ろくがつ(六月)	ちょうど	

✿ 발음연습

(1) かんこく(韓国)[kaŋkokɯ] ↔ かんごく(監獄)[kaŋgokɯ]

(2) さき(先)[saki] ↔ さぎ(詐欺)[sagi]

(3) つつみ(包み)[tsɯtsɯmi] ↔ つづみ(鼓)[tsɯzɯmi]

(4) はた(旗)[hata] ↔ はだ(肌)[hada]

I

中村	イさん、こんにちは。
イ	あ、こんにちは。
中村	どこへ いきますか。
イ	図書館(としょかん)へ 行(い)きます。
中村	勉強(べんきょう)ですか。
イ	いいえ、本(ほん)を かえしに 行きます。中村さんは？
中村	わたしは いまから ごはんを 食べに 行きます。イさん、ご飯(はん)は？
イ	まだですが。
中村	じゃ、あとで いっしょに 行きませんか。
イ	そうですね。そうしましょう。

質問1 ______________________________

質問2 ______________________________

Ⅱ

中村	森田さん、たんじょうびは いつですか。
森田	ぼくの 誕生日(たんじょうび)は ごがつ いつかです。
中村	えっ、こどもの ひですか。
森田	そうなんです。こどもの ころは それが いやでしたよ。
中村	どうしてですか。
森田	ほら、誕生日が し月(がつ)や ろく月の 子(こ)は こどもの 日(ひ)の プレゼントと 誕生日の プレゼントが べつべつじゃありませんか。
中村	ああ、そういうことですか。
森田	中村さんの たんじょうびは いつですか。
中村	わたしは あきです。じゅう月 ようかです。
森田	そういえば キムさんの 誕生日も 十月(じゅうがつ)でしたよ。
中村	いつですか。
森田	たしか、十月(じゅうがつ)の ここのかでした。中村(なかむら)さんと いちにち ちがいですね。

質問1 ______________________________

質問2 ______________________________

문형연습

1.예문과 같이 바꾼 다음 소리 내어 읽어보세요.

例) がっこうへ いきます→ いっしょに がっこうへ いきませんか。

(1) きょうしつへ いきます → ____________________

(2) にほんごで はなします → ____________________

(3) テレビを みます → ____________________

(4) ごはんを たべます → ____________________

(5) うちへ かえります → ____________________

2. 예문과 같이 대답해 보세요.

例1) きょうは なんがつ なんにちですか。
いちがつ ついたち → きょうは いちがつ ついたちです。
例2) きのうは なんがつ なんにちでしたか。
にがつ ふつか → きのうは にがつ ふつかでした。

(1) きょうは なんがつ なんにちですか。
3月3日 → ____________________

(2) きのうは なんがつ なんにちでしたか。
4月4日 → ____________________

(3) あしたは なんがつ なんにちですか。
5月5日 → ____________________

(4) あさってはなんがつ なんにちですか。
6月6日 → ____________________

(5) おとといは なんがつ なんにちでしたか。
7月7日 → ____________________

3. 예문처럼 질문해 주세요.

なかやまさんの たんじょうびは 12月24日です。
　　→ なかやまさんの おたんじょうびは いつですか。
なつやすみは 7月1日から 8月31日までです。
　　→ なつやすみは いつから いつまでですか。

(1) すずきさんの たんじょうびは 9月9日です。
　　→ ____________________

(2) じゅぎょうは ごぜん9時から ごご 3時までです。
　　→ ____________________

(3) 植樹(しょくじゅ)の日(ひ)は 4月5日です
　　→ ____________________

(4) ちゅうかんテストは らいしゅうの げつようびから きんようびまでです。
　　→ ____________________

(5) わたしの たんじょうびは 8月8日です。
　　→ ____________________

4. 예문과 같이 대답해 보세요.

どこへ いきますか。
　　としょかん、ほんを かりる → としょかんへ ほんを かりに いきます。
　　がっこう、べんきょうをする → がっこうへ べんきょうを しに いきます。

(1) どこへ いきますか。
　　としょかん、ほんを かえす → ____________________

(2) どこへ いきますか。
　　やっきょく、くすりを かう → ____________________

(3) どこへ いきますか。
　　ぎんこう、おかねを おろす → ____________________

(4) どこへ いきますか。
　　ゆうびんきょく、てがみを だす → ____________________

(5) どこへ いきますか。
　　えいがかん、えいがを みる → ____________________

응용연습

✿ 받아쓰기 연습

キム　　中村さん、すこし ________________。

中村　　あら、もう こんな じかん!

キム　　コーヒーでも ________________。

中村　　それより、しょくじに ____________。おなかが ______________。

✿ 청취 문제 연습

①	②	③

そんなに からく ありませんでした 10

체크포인트

1 ～かった(です)

～だった(です) / ～でした

2 ～くありませんでした / ～くなかったです

～では(じゃ)ありませんでした

새로 나온 단어

メニュー	からい	つうやく(通訳)
カルビ クッパ	きのう	しごと(仕事)
ビビンパ	さくぶん(作文)	だけ
どっち	だいもく(題目)	えいご(英語)
～にする	ゆめ(夢)	つもり
ちょうせん(挑戦)	あたま(頭)	じつげん(実現)
なかなか	しょうらい(将来)	いのる

✿ 발음연습

(1) はは(母)[haha] ↔ はあ(感動詞)[ha:]

(2) あさひ(朝日)[asahi] ↔ あさい(浅い)[asai]

(3) ふうふ(夫婦)[hu:hu] ↔ ふうう(風雨)[hu:u]

(4) しゅうへん(周辺)[ʃu:heɴ] ↔ しゅうえん(終演・周縁)[ʃu:eɴ]

(5) ほうほう(方法)[ho:ho:] ↔ ほうおう(法皇・鳳凰)[ho:o:]

I

中村	キムさん、きょうの メニューは 何ですか。
キム	カルビ クッパと ビビンパですね。
中村	キムさんは どっちに しますか。
キム	うーん、わたしは カルビ クッパに します。
中村	じゃ、わたしは ビビンパに ちょうせんします。

中村	カルビ クッパ どうでしたか。
キム	とても おいしかったです。
中村	そうですか。でも、ビビンパの ほうも けっこう よかったですよ。
キム	からく ありませんでしたか。
中村	あまり からく なかったです。
キム	それは よかったですね。

質問1 ______________________________

質問2 ①　　　②　　　③　　　④

Ⅱ

森田	きのうの さくぶんの だいもくは 何だったんですか。
イ	きのうは 「わたしの ゆめ」という 題目でした。あたまの 中の ことを 作文に するのは なかなか むずかしかったです。
森田	それは たいへんでしたね。ところで、イさんの 夢は なんですか。
イ	わたしは しょうらい つうやくの しごとを するのが ゆめです。
森田	へえ、日本語の 通訳ですか。
イ	ええ、でも、日本語だけでなく えいごも がんばる つもりです。
森田	すてきな 夢ですね。夢の じつげんを いのります。

質問1 ______________________________

質問2 ______________________________

문형연습

1.예문과 같이 바꾼 다음 소리 내어 읽어보세요.

きょうは あついです。
　　きのう → きのうは あつかったです。
ことしは しずかです。
　　きょねん → きょねんは しずかだったです。

(1) きょうは さむいです。
　　きのう → ______________________
(2) ことしは すずしいです。
　　おととし → ______________________
(3) きょうは あかるいです。
　　おととい → ______________________
(4) こんしゅうの えんそうは りっぱです。
　　せんしゅう → ______________________
(5) きょうの しあいは たのしいです。
　　きのう → ______________________

2. 예문과 같이 바꾸어 말해 보세요.

ビビンパは おいしいです → ビビンパはおいしかったです。
ゲームは おもしろいです → ゲームはおもしろかったです。

(1) カルビ クッパは おいしいです。
　　→ ______________________
(2) あの へやは ひろいです。
　　→ ______________________
(3) にほんごの さくぶんは むずかしいです。
　　→ ______________________
(4) あたまが いたいです。
　　→ ______________________

(5) てんきが いいです。

→ ____________________

3. 예문과 같이 대답해 보세요.

あつかったですか。

いいえ → いいえ、あつくありませんでした。

(1) あたたかかったですか。 ____________________

(2) すずしいかったですか。

いいえ、 → ____________________

(3) よかったですか。

いいえ、 → ____________________

(4) さむかったですか。

いいえ → ____________________

(5) かわいかったですか。

いいえ → ____________________

4. 예문과 같이 바꾸어 말해 보세요.

しずかでしたか。

いいえ → いいえ、しずかじゃありませんでした。

(1) じょうぶだったですか。

いいえ → ____________________

(2) きれいでしたか。

いいえ → ____________________

(3) にぎやかでしたか。

いいえ → ____________________

(4) すきでしたか。

いいえ → ____________________

(5) きらいでしたか。

いいえ → ____________________

응용연습

✿ 받아쓰기 연습

A	りっぱな ラケットですね。
B	これですか。これは むすこの 誕生日(たんじょうび)プレゼントです。
A	そうですか。＿＿＿＿＿＿＿＿＿＿＿＿＿＿。
B	いいえ、それほど ＿＿＿＿＿＿＿＿＿＿＿＿＿＿。

✿ 청취 문제 연습

(1)

① きょうは さむかったです。
② おとといは あつかったです。
③ きのうは あつかったです。
④ あしたは さむかったです。

(2)

①	②	③

うみへ　いきました 11

체크포인트

1 あるきました
2 あるきましたか
3 あるきませんでした

✿ 새로 나온 단어

でかける	さむい	かんじ(漢字)
デパート	きれい	よみかき
るす(留守)	たのしい	ふりがな
ごめんなさい	いえ(家)	つける
だいじょうぶ(大丈夫)	せんたく	ひらがな
カメラ	せんたくもの	かえる(変える)
かう(買う)	かわく	もんだい
ねだん(値段)	きもちが　いい	すごく
うみ(海)	おつかれさま	ざんねん
	いちばん	

I

キム	森田さん、きのう お電話(でんわ)しましたが、留守(るす)でしたね。
森田	そうでしたか。ごめんなさい。
キム	どこかへ でかけましたか。
森田	はい、友(とも)だちと デパートへ 行(い)きました。
キム	デパートへは 何(なに)を しに 行きましたか。
森田	カメラを かいに 行きました。
キム	それで、いい カメラが ありましたか。
森田	ええ、いいのが ありましたので 買(か)いました。
キム	ねだんは どうでしたか。
森田	あまり たかく ありませんでした。
キム	そうですか。よかったですね。

質問1 ______________________________

質問2 ______________________________

Ⅱ

先生　キムさん、きのうは なにを しましたか。

キム　友（とも）だちと うみへ いきました。

先生　海（うみ）は どうでしたか。

キム　すこし さむかったです。でも、きれいでした。

先生　それは よかったですね。

キム　はい、とても たのしい いちにちでした。

先生　なかむらさんは 昨日（きのう） 何（なに）を しましたか。

中村　わたしは 家（いえ）で せんたくを しました。

先生　昨日（きのう）は てんきが よかったですものね。

中村　はい、せんたくものが よく かわきましたので、きもちが よかったです。

先生　おつかれさまでした。

質問1　①　②　③　④

質問2　＿＿＿＿＿＿＿＿＿＿＿＿＿＿＿＿

Ⅲ

森田	きょうの テストは どうでしたか。
イ	とても むずかしかったです。
森田	なにが いちばん むずかしかったですか。
イ	かんじの よみかきです。ふりがなを つけるのは そんなに たいへんでは なかったんですけど、ひらがなを 漢字(かんじ)に かえる もんだいは まったく だめでした。
森田	でも、すごく がんばったのに ざんねんですね。

質問1 ____________________

質問2 ____________________

문형연습

1. 예문과 같이 바꾼 다음 소리 내어 읽어보세요.

例) テーブルの うえに ほんが あります。
→ テーブルの うえに ほんが ありました。
へやの なかに ねこが います。
→ へやの なかに ねこが いました。

(1) テーブルの うえに はなが あります。
→ ____________________

(2) へやの なかに インコが います。
→ ____________________

(3) すずきさんは がっこうへ いきます。
→ ____________________

(4) いのうえさんは ごはんを たべます。
→ ____________________

(5) わたしは ノートを かいます。
→ ____________________

2. 예문과 같이 대답해 보세요.

なにか かきましたか。
いいえ → いいえ、なにも かきませんでした。
だれか いましたか。
いいえ → いいえ、だれも いませんでした。

(1) なにか よみましたか。
いいえ → ____________________

(2) だれか いましたか。

いいえ → ______________________

(3) どこかへ いきましたか。

いいえ → ______________________

(4) なにか たべましたか。

いいえ → ______________________

(5) なにか かいましたか。

いいえ → ______________________

3. 예문과 같이 바꾸어 말해 보세요.

きのう、なにを しましたか。

いえで せんたくを する → <u>きのうは いえで せんたくを しました。</u>

(1) きのう、なにを しましたか。

へやでそうじを する → ______________________

(2) にちようび、なにを しましたか。

いえで テレビを みる → ______________________

(3) きのう、なにを しましたか。

ほんやで ほんを かう → ______________________

(4) おとといの よる、なにを しましたか。

カラオケで うたを うたう → ______________________

(5) せんしゅう、なにを しましたか。

がくえんさいの じゅんびを する → ______________________

4. 예문과 같이 대답해 보세요.

なぜ きもちが よかったですか。

よく はれる → よく はれましたので、きもちが よかったです。

(1) なぜ きもちが よかったですか。

おいしい ものを たくさん たべる → ______________________

(2) なぜ きもちが よかったですか。

テストの てんすうが あがる → ______________________

(3) なぜ きもちが よかったですか。

プレゼントをたくさんもらう → ______________________

(4) なぜ きもちが よかったですか。

ともだちが おおぜい くる → ______________________

(5) なぜ きもちが よかったですか。

ひさしぶりに やまに のぼる → ______________________

응용연습

✿ 받아쓰기 연습

イ　森田さん、カメラ ＿＿＿＿＿＿＿＿＿。

森田　ええ、こんどの 学園祭(がくえんさい)で ＿＿＿＿＿＿＿から

＿＿＿＿＿＿＿＿＿。

イ　＿＿＿＿＿＿＿＿＿。

森田　いいえ、それほどでも＿＿＿＿＿＿＿＿＿。

✿ 청취 문제 연습

①

②

③

えきで　あいましょう 12

체크포인트

1 ～でしょう

2 ～ましょう

3 ～くて～です

4 ～で～です

✿ 새로 나온 단어

ひま	せっかく	なみだ
べつに	ひるごはん	でる(出る)
ようじ(用事)	かわり	さて
チケット	おごる	のむ(飲む)
にまい(二枚)	きを　つかわなくても	しずか
にじ(二時)	もし	ふんいき(雰囲気)
いちじはん(一時半)	おことばに　あまえて	コーヒー・ショップ
ミョンドンえき	ありましたら	たかい(高い)
あいましょう	とっても	おおきい(大きい)
それより	かんどうてき(感動的)	ビル
じゅうにじ(十二時)	ラスト　シーン	さっそく

I

イ	中村さん あした ひまですか。
中村	はい、べつに ようじは ありませんが。
イ	映画の チケットが にまい ありますが、いっしょに みに いきませんか。
中村	えいがですか。いいですね。
イ	じゃ、映画は 二時に はじまりますから、一時半に ミョンドンえきで あいましょう。
中村	それより、ひるごはんを いっしょに どうですか。映画の かわりに わたしが おごりますから。
イ	そんなに きを つかわなくても いいですよ。
中村	でも、せっかくですから そうしましょう。
イ	じゃ、おことばに あまえて。十二時半で よろしいですか。
中村	はい。

質問1 ① ② ③ ④

質問2 ① ② ③ ④

Ⅱ

イ	映画、どうでしたか。
中村	とっても　かんどうてきな　映画でした。とくに　あの　ラストシーンには なみだが でました。
イ	え、なみだまで。
中村	いい 映画を どうも ありがとう。
イ	いいえ、どう いたしまして。
中村	さて、どこかで お茶(ちゃ)でも のみませんか。
イ	いいですね。ちかくに しずかで ふんいきの いい コーヒーショップが あります。
中村	どこですか。
イ	あそこに 高(たか)くて 大(おお)きい ビルが ありますよね。その うしろに あります。
中村	じゃ さっそく いきましょう。

質問1 ________________________________

質問2 ①　　　②　　　③　　　④

문형연습

1. 예문과 같이 바꾼 다음 소리 내어 읽어보세요.

例) がっこうへ いく → がっこうへ いきましょう。

(1) デパートへ いく →

(2) やまに のぼる →

(3) テニスを する →

(4) プールで およぐ →

(5) ごはんを たべる →

2. 예문과 같이 대답해 보세요.

なんじに あいましょうか。
ごご いちじ → ごご いちじは どうですか。
いつに しましょうか。
あした → あしたは どうですか。

(1) なんじに あいましょうか。
ごぜん じゅうじ →

(2) いつに しましょうか。
らいしゅう →

(3) なんじに たべましょうか。
ろくじ はん ごろ →

(4) いつ いきましょうか。
いまから にじかんご →

(5) なんじに しゅっぱつしましょうか。
ごご さんじ にじゅっぷん →

3. 예문과 같이 두 문장을 한 문장으로 만들어 보세요.

> この へやは ひろいです。この へやは すずしいです。
> → この へやは ひろくて すずしいです。

(1) この へやは ひろいです。この へやは うつくしいです。

→ ______________________________

(2) この 人形(にんぎょう)は ちいさいです。この 人形(にんぎょう)は かわいいです。

→ ______________________________

(3) この テーブルは ちいさいです。この テーブルは たかいです。

→ ______________________________

(4) 日本語は やさしいです。日本語は おもしろいです。

→ ______________________________

(5) やまださんは せが たかいです。やまださんは からだが おおきいです。

→ ______________________________

4. 예문과 같이 두 문장을 한 문장으로 만들어 보세요.

> この 部屋は 静かです。この 部屋は きれいです。
> → この 部屋は 静かで きれいです。

(1) たなかさんは じょうぶです。たなかさんは げんきです。

→ ______________________________

(2) あの 駅(えき)は べんりです。あの 駅(えき)は しずかです。

→ ______________________________

(3) じすいは たいへんです。じすいは ふべんです。

→ ______________________________

(4) うんどうは にがてです。うんどうは きらいです。

→ ______________________________

(5) かれは ハンサムです。かれは しんせつです。

→ ______________________________

응용연습

✿ 받아쓰기 연습

イ	森田さん、きのう デパートへ ＿＿＿＿＿＿。
森田	いいえ、＿＿＿＿＿＿＿＿＿＿。
イ	あら、どうしてですか。
森田	じゅぎょうが おわるのが ＿＿＿＿＿＿ からです。
イ	そうでしたか。
	じゃ、ごごにでも いっしょに ＿＿＿＿＿＿。
森田	ええ、＿＿＿＿＿＿。

✿ 청취 문제 연습

①	②	③

なりたから　ソウルまで りょうきんは　いくらですか

13

체크포인트

1 ～をください

2 ～くて～

3 お金の数え方: いちえん、じゅうえん、ひゃくえん、せんえん、
いちまんえん、じゅうまんえん、ひゃくまんえん、
いっせんまんえん、いちおくえん、…

4 ～から～まで

✿ 새로 나온 단어

なりた(成田)	おとな(大人)	おひとりさま(一人様)
ソウル	ひとり	よろしい
～から～まで	やすい	ほんや(本屋)
チケット	かくやす(格安)チケット	あんない(案内)
しゅっぱつ(出発)	うりきれる	しましょうか
ほしい	しかたない	ちいさい(小さい)
～なら	ふつう(普通)	べんり(便利)
くうせき(空席)	いちまい(一枚)	ごゆっくり
りょうきん(料金)	かしこまりました	

I

森田　すみません。なりたから ソウルまでの チケットを おねがいします。

予約係(よやくがかり)　しゅっぱつは いつでしょうか。

森田　らいしゅうの 月曜日(げつようび)です。

予約係　月曜日なら くうせきが あります。

森田　あのう、成田(なりた)から ソウルまで りょうきんは いくらでしょうか。

予約係　おとな ひとりで ごまんえんです。

森田　高(たか)いですね。もう すこし やすいのは ありませんか。

予約係　かくやすチケットは あいにく うりきれました。

森田　しかたないですね。じゃ、ふつうのを いちまい ください。

予約係　はい、かしこまりました。おひとりさまで よろしいですね。

質問1　①　②　③　④

質問2　＿＿＿＿＿＿＿＿＿＿＿＿＿＿＿＿

Ⅱ

中村	イさん、近くに ほんや、ありますか。
イ	ありますよ。あんない しましょうか。
中村	はい、おねがいします。
イ	本を 買う つもりですか。
中村	ええ、小さくて べんりな かんこくごの じしょを買う つもりです。
イ	そうですか。あ、あそこです。
中村	まあ、大きくて きれいな 本屋ですね。

質問1 ______________________________

質問2 ① ② ③ ④

Ⅲ

店員	いらっしゃいませ。
客	日本語の 辞書は どこに ありますか。
店員	はい、こちらです。こちらが日本語の辞書で、その隣は英語の辞書です。
客	はい、わかりました。どうも ありがとう ございます。
店員	ごゆっくり どうぞ。

質問 ______________________________

문형연습

1. 예문과 같이 바꾼 다음 소리 내어 읽어보세요.

例) ほんと えんぴつが あります。
　　→ すみません、ほんと えんぴつを ください。

(1) カメラとフィルムが あります。
　→ ______________________

(2) りんごと バナナが あります。
　→ ______________________

(3) ざっしと しんぶんが あります。
　→ ______________________

(4) トマトと バナナが あります。
　→ ______________________

(5) あかい バラと きいろい バラが あります。
　→ ______________________

2. 예문과 같이 두 문장을 한 문장으로 만들어 보세요.

例) この おもちゃは おおきいです。この おもちゃは りっぱです。
　　→ この おもちゃは おおきくて りっぱです。

(1) この ふくは かわいいです。この ふくは きれいです。
　→ ______________________

(2) その ほんは あついです。この ほんは りっぱです。
　→ ______________________

(3) あの たてものは たかいです。あの たてものは おおきいです。
　→ ______________________

(4) この はこは おおきいです。この はこは べんりです。

→ ____________________

(5) かのじょは やさしいです。かのじょは きれいです。

→ ____________________

3. 예문과 같이 대답해 보세요.

この りんごは いくらですか。
　ひとつ ひゃくえん → それは ひとつ ひゃくえんです。

(1) この 服は いくらですか。
　15,900円 → ____________________

(2) その 日本語の 辞書は いくらですか。
　4,500円 → ____________________

(3) あの ケーキは いくらですか。
　2,200円 → ____________________

(4) あの 自転車は いくらですか。
　34,600円 → ____________________

4. 예문과 같이 바꾼 후 소리 내어 읽어보세요.

なりたから ソウルまで なにで いきますか。
　ひこうき → なりたから ソウルまでは ひこうきで いきます。

(1) ソウルから プサンまで なにで いきますか。
　KTX → ____________________

(2) がっこうから いえまで なにで かえりますか。
　バス → ____________________

(3) スーパーから いえまで なにで はこびますか。
　じてんしゃ → ____________________

(4) 上から 下まで 何メートル ありますか。

5メートル → ________________

(5) 駅から 学校まで 何メートル ありますか。

やく 500メートル → ________________

5. 예문과 같이 대답해 보세요.

何を する つもりですか。
ジョギング → ジョギングを する つもりです。

(1) なにを かう つもりですか。

にほんの ざっし → ________________

(2) なにを みる つもりですか。

アメリカの えいが → ________________

(3) なにを たべる つもりですか。

そばと てんぷら → ________________

(4) なにを おしえる つもりですか。

がっこうへ いく みち → ________________

(5) なにを うたう つもりですか。

にほんの うた → ________________

✿ 받아쓰기 연습

(1) (　　　　　　　　　　) 円
(2) (　　　　　　　　　　) 円
(3) (　　　　　　　　　　) 円
(4) (　　　　　　　　　　) 円

✿ 청취 문제 연습

	①	②	③
(1)			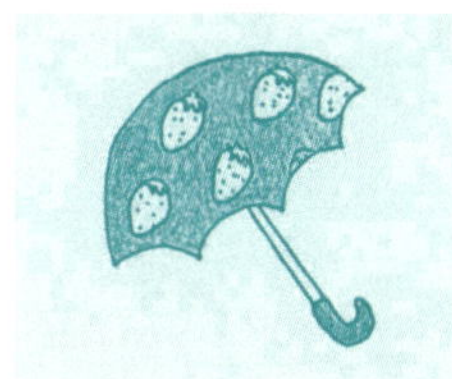
(2)			

Memo

ひが ながく なりましたね 14

체크포인트

1 ～くなる
2 ～になる
3 ～に比べると
4 春夏秋冬

✿ 새로 나온 단어

だいぶ	ゆたかな	ぜいたく
あつい(暑い)	なるほど	きがする(気がする)
なつ(夏)	どうして	ほんとうに(本当に)
ずいぶん	なによりも	～のに
ながい(長い)	くだもの(果物)	～ですって
これから	ほら	げんき(元気)
もっと	すいか	あかちゃん
どの	メロン	なきごえ(泣き声)
きせつ(季節)	まくわうり	おかあさん
すずしい	もも	あい(愛)
～し	トマト	ちから(力)
なんとなく	やはり	
こころ(心)	くらべる	

I

キム	だいぶ あつく なりましたね。
森田	そうですね。もう なつですからね。
キム	ひも ずいぶん ながく なりましたね。
森田	これから もっと あつく なる ことでしょう。
キム	ところで、森田さんは どの きせつが いちばん すきですか。
森田	ぼくは なつですけど、キムさんは？
キム	わたしは あきが 好きです。
森田	どうして 秋が 好きですか。
キム	秋は お天気も すずしく なるし、なんとなく こころも ゆたかに なりますから。
森田	なるほど。
キム	森田さんは夏が 好きだと 言いましたが、なぜですか。
森田	そうですね。なによりも 夏は おいしい くだものが たくさん 出る 季節じゃ ありませんか。ほら、すいかでしょう。それに メロン、まくわうり。
キム	ももや トマトも そうですね。
森田	やはり ほかの 季節に くらべると ぜいたくな きが しませんか。
キム	そうですけどね。そのぶん あついから たいへんですよね。

質問1 ____________________

質問2 ①　②　③

Ⅱ

森田	先生の ところの たかしくん、ずいぶん おおきく なったよね。
中村	そうだね。はじめは 二キロにも ならなかったのに もう 10キロですって。
森田	10キロも? ほんとうに げんきに なったな。ほかの あかちゃんに くらべて なきごえも 小さかったのに。
中村	やっぱり おかあさんの 愛の ちからかな。
森田	きっと そうだね。

質問1 ①　②　③　④

質問2 ①　②　③　④

문형연습

1. 예문과 같이 바꾼 다음 소리 내어 읽어보세요.

例) でんきを つけます。へやは どう なりますか。
あかるい → へやは あかるく なります。

(1) でんきを けします。へやは どう なりますか。
くらい → ____________________

(2) せんせいが きます。きょうしつの なかは どう なりますか。
しずかだ → ____________________

(3) かぜが ふきます。あたりは どう なりますか。
すずしい → ____________________

(4) いっしょうけんめい べんきょうします。にほんごは どう なりますか。
じょうずだ → ____________________

(5) はるに なります。きおんが どう かわりますか。
あたたかい → ____________________

(6) みんなで そうじを します。まわりは どう なりますか。
きれいだ → ____________________

2. 예문과 같이 바꿔서 말해 보세요.

例) みずが ない → みずが なく なりました。

(1) そらが あおい → ____________________
(2) へやが きれいだ → ____________________
(3) せが たかい → ____________________
(4) もう およぎの きせつだ → ____________________
(5) こえが いい → ____________________
(6) いえが りっぱだ → ____________________

3 예문과 같이 이어서 말해 보세요.

例) たくさん かいものを しました。
　　おかねが ない → おかねが なくなりました。

(1) 髪(かみ)を 切りました。
　　髪が みじかい → ______________________

(2) たくさん 発音練習(はつおんれんしゅう)を しました。
　　発音(はつおん)が いい→ ______________________

(3) 映画が はじまります。
　　部屋が くらい → ______________________

(4) コーヒーに さとうを いれます。
　　コーヒーが あまい → ______________________

(5) とても はずかしいです。
　　顔(かお)が あかい → ______________________

4. 예문처럼 문장을 완성해 보세요.

例) きのう・きょう・暑(あつ)い
　　→ <u>きのうに くらべると きょうは あついです</u>。

(1) 平日(へいじつ)・週末(しゅうまつ)・人(ひと)が おおい
　　→ ______________________

(2) 日本語(にほんご)・英語(えいご)・むずかしい
　　→ ______________________

(3) 韓国(かんこく)・日本(にほん)・物価(ぶっか)が たかい
　　→ ______________________

(4) ほかの大学(だいがく)・うちの 学校(がっこう)・まじめな 学生が おおい
　　→ ______________________

(5) あの店(みせ)・この店・おいしい
　　→ ______________________

응용연습

✿ 받아쓰기 연습

わたしは バスケット ボールが すきです。
毎朝(まいあさ)、ともだちと ＿＿＿＿＿＿＿＿＿＿＿＿。
練習(れんしゅう)の 後(あと)は からだが ＿＿＿＿＿＿＿＿＿＿＿＿。
はじめは あまり ＿＿＿＿＿＿＿＿＿＿＿＿でした。
でも、いまは すこし ＿＿＿＿＿＿＿＿＿＿＿＿。
ゲームで シュートが はいる ときは とても うれしいです。
じかんが ある ときは、よる ＿＿＿＿＿＿＿まで 練習します。
バスケットは ほんとうに おもしろいです。

✿ 청취 문제 연습

① この 町(まち)の 店(みせ)は すくなく なった。　（　　）

② 町の 周辺(しゅうへん)は にぎやかに なった。　（　　）

③ こどもが すくなく なった。　（　　）

④ この 町は 生活(せいかつ)が 便利(べんり)に なった。　（　　）

なつやすみの けいかく 15

체크포인트

① 動詞過去(否定)形

わかる：わかった・わからなかった

なれる：なれた・なれなかった

くる　：きた・こなかった

する　：した・しなかった

② ～んです

✿ 새로 나온 단어

せいかつ(生活)	どんどん	へや
なれる	およぐ	つらかった
できる	なつやすみ(夏休み)	すごす
だんだん	キャンプ	かえる(帰る)
おもしろい	どうぐ(道具)	おんせん(温泉)
なんて	キャンプどうぐ(道具)	ゆ(湯)
ぜんぜん	もつ(持つ)	つかる
さいきん(最近)	きょねん(去年)	つかれ
みじかい(短かい)	じゅけん(受験)	たまる
ないよう(内容)	こそ	かんがえ
いみ(意味)	うんと	ねつ(熱)をもってねつをなおす
わかる(分かる)	けいけん(経験)	
～ようになる	おもいで(思い出)	
おかげ	バカンス シーズン	

I

イ　　せんせい、こんにちは。

先生　　ああ、こんにちは。どう? すこしは 大学(だいがく)の 生活(せいかつ)に なれたかな?

イ　　はい、友(とも)だちも たくさん できたし、日本語の 授業(じゅぎょう)も だんだん おもしろく なりました。

先生　　そう、授業が おもしろい。

イ　　はい、はじめは 日本語 なんて ぜんぜん わからなかったんですが、さいきんは みじかい ないようは いみが わかるように なりました。

先生　　それは よかったですね。

イ　　みんな せんせいの おかげです。

先生　　いいえ、イさんが ねっしんに 勉強(べんきょう)したからですよ。

質問1　①　②　③　④

質問2　①　②　③　④

II

キム　　どんどん あつく なりますね。暑(あつ)い ときは 海(うみ)で およぐのが いちばん たのしいですが、森田さんは どうですか。

森田　　そうですね、ぼくもです。

キム　こんどの なつやすみには キャンプどうぐを もって 海に いくつもりです。きょねんは じゅけんで どこへも 行(い)かなかったから ことしこそ うんと たのしむんですよ。

森田　受験(じゅけん)は ぼくも けいけんしましたが、あまり たのしい おもいでには なり ませんね。とくに バカンス シーズンに 暑い へやの なかでの べんきょうは ほんとうに つらかったなあ。

キム　まったくですよ。ところで、森田さんは 夏(なつ)は どう すごす よていですか。

森田　ぼくは 日本へ 帰(かえ)ります。それで、どこか おんせんにでも 行き、ゆっくり お湯(ゆ)に つかる つもりです。さいきん つかれが たまりましたから。

キム　それは いい かんがえですね。「熱(ねつ)を もって 熱(ねつ)を なおす」という ことですか。

質問1 ＿＿＿＿＿＿＿＿＿＿＿＿＿＿＿＿

質問2 ＿＿＿＿＿＿＿＿＿＿＿＿＿＿＿＿

문형연습

1. 예문과 같이 바꾼 다음 소리 내어 읽어보세요.

ごはんを 食べる → ごはんを たべた。
手紙を 書く → てがみを かいた。

(1) 学校へ いく →
(2) えんぴつを とる →
(3) 友だちが くる →
(4) 映画を みる →
(5) はなしを する →

2. 예문과 같이 대답해 보세요.

ご飯は 食べましたか。→ それが、たべなかったんです。
本は 読みましたか。→ それが、よまなかったんです。

(1) 手紙は 書きましたか。
→
(2) その 映画は 見ましたか。
→
(3) 彼女は 来ましたか。
→
(4) 電話番号は 教えましたか。
→
(5) 新聞は 読みましたか。
→

3. 예문과 같이 두 문장을 한 문장으로 만들어 보세요.

学校へ行く。友達に 会う

→ がっこうへ いき、ともだちに あう つもりです。

温泉に行く。お湯に 漬かる

→ おんせんに いき、おゆに つかる つもりです。

(1) 本を 読む。感想文(かんそうぶん)を 書く。

→ ______

(2) 数学(すうがく)を 教える。英語を ならう

→ ______

(3) お金を はらう。カメラを 買う

→ ______

(4) ケーキを 食べる。コーヒーを のむ

→ ______

(5) 家に 帰る。テレビを 見る

→ ______

4. 예문과 같이 두 문장을 한 문장으로 만들어 보세요.

昔(むかし)は しずかだ。最近(さいきん)は にぎやかだ。

→ むかしは しずかだったんですが、さいきんは にぎやかに なりました。

(1) はじめは 日本語が 難しい。今は おもしろい。

→ ______

(2) 昨日は すずしい。今日は あつい

→ ______

(3) 先週は いそがしい。今週は ひまだ

→ ______

(4) 子供の ころは からだが よわい。今は げんきだ

→ ______

(5) 最初(さいしょ)は やさしい。今は むずかしい

→ ______

응용연습

✿ 받아쓰기 연습

A　いい かばんですね。
B　あ、これですか。この あいだ デパートで ＿＿＿＿＿＿＿＿。
A　デパートで。＿＿＿＿＿＿＿んじゃないですか。
B　いえ、＿＿＿＿＿＿＿ので、＿＿＿＿＿＿＿＿＿安(やす)かったですよ。
A　それは ＿＿＿＿＿＿＿＿ ね。

✿ 청취 문제 연습

	①	②	③
(1)			
(2)	①	②	③
(3)	①	②	③

やさいを いれて にます

16

체크포인트

1 ～て形(動作の連続)

2 ～やすい・～にくい

3 複合語

- 動詞+名詞
- 動詞+形容詞
- 動詞+動詞

✿ 새로 나온 단어

にく(肉)	やさい	あじ(味)
じゃがいも	あらう	ところ
いっぱんてき(一般的)	きる(切る)	やく(焼く)
かていりょうり(家庭料理)	なべ	たれ
どうやって	あぶら(油)	いろいろ
つくる(作る)	いれる	あわせる(合わせる)
つくりかた	いためる	せつめいしにくい(説明しにくい)
たまねぎ	さとう(砂糖)	ソース
にんじん	しょうゆ	～かな
にる(煮る)	みず(水)	まく(巻く)
くわしい(詳しい)	～のような	そのまま
まず	いう(言う)	ピーマン

I

中村　できましたよ。はい、どうぞ。

イ　これが「にくじゃが」ですか。いただきます。

中村　にくと じゃがいもが はいるから「肉じゃが」です。

イ　ああ、そうですか。なるほど。おもしろい なまえですね。

中村　日本の いっぱんてきな かてい りょうりですよ。

イ　どうやって つくるんですか。

中村　つくりかたは かんたんです。じゃがいもと たまねぎと にんじんを にるんです。

イ　にるだけですか。

中村　まず、やさいを あらって、食べやすく きります。それから なべに あぶらを いれて、肉と 野菜を いためます。そのあと 砂糖と しょうゆと 水を 入れて 煮るんです。

質問1　①　②　③　④

質問2　①　②　③　④

Ⅱ

イ	日本にも プルコギの ような りょうりが ありますか。
森田	はい、ありますよ。日本では やきにくって 言いますけど。
イ	つくりかたも 韓国と おなじですか。
森田	いいえ、ずいぶん ちがいます。
イ	どんな ところが ちがいますか。
森田	韓国では あじを つけて お肉を 焼くでしょう。日本では お肉を 焼いて たれを つけて たべるんです。
イ	たれですか。それは どんな あじですか。
森田	いろいろな ものを 合わせて 作るから 説明しにくいですが、しょうゆと トンカツソースの 中間の 味かな。
イ	日本の 焼き肉も 野菜で まいて たべますか。
森田	いいえ、そのまま 食べます。野菜は ピーマンや たまねぎなどを お肉と いっしょに 焼いて たべます。

質問1 ______________________________

質問2 ①　　②　　③　　④

문형연습

1. 예문과 같이 여러 문장을 한 문장으로 만들어 보세요.

図書館に 行く。勉強する。

→ 図書館に 行って、勉強します。

(1) 家に 帰る。ごはんを 食べる。

→ ______________________________

(2) スポーツセンターに 行く。運動を する。

→ ______________________________

(3) 友達に 会う。映画を 見に 行く。

→ ______________________________

(4) 朝 起きる。顔を 洗う。ご飯を 食べる。

→ ______________________________

(5) 8時に 家を 出る。バスに 乗る。学校へ 行く。勉強する。

→ ______________________________

2. 예문과 같이 바꾼 다음 소리 내어 읽어보세요.

この 漢字を 読む

→ この 漢字の 読み方を 教えて ください。

(1) パソコンを 使う。 → ______________________________

(2) 国際電話(こくさいでんわ)を かける。 → ______________________________

(3) この料理を 作る。 → ______________________________

(4) 市内バスに 乗る。 → ______________________________

(5) 手紙を 書く。 → ______________________________

3. 예문과 같이 세 단어를 사용하여 한 문장으로 만들어 보세요.

この本・分かる・あの本

→ この 本は 分かりやすいですが、あの 本は 分かりにくいです。

(1) このペン・書く・あの ペン

→ ______________________________

(2) この 辞書・使う・あの 辞書

→ ______________________________

(3) この 時計・見る・あの 時計

→ ______________________________

(4) 地下鉄・乗る・バス

→ ______________________________

(5) コーヒー・飲む・サイダー

→ ______________________________

4. 예문과 같이 바꾸어 말해 보세요.

3月から 日本語を 習いました。

→ 3月から 日本語を 習いはじめました。

(1) 5時から 勉強しました。

→ ______________________________

(2) 雨が 降(ふ)りました。

→ ______________________________

(3) 広場(ひろば)に 人が あつまりました。

→ ______________________________

(4) 彼が ギターを ひきました。

→ ______________________________

(5) 2学期から 塾(じゅく)に かよいました。

→ ______________________________

✿ 받아쓰기 연습

森田　あ、あめが ＿＿＿＿＿＿＿＿よ。イさん、＿＿＿＿＿ ありますか。

イ　いいえ。森田さんは。

森田　わたしも ＿＿＿＿＿＿＿＿＿んです。こまったなあ。

イ　じゃ、どこかで コーヒーでも ＿＿＿＿ あめが あがるまで まちましょう。

森田　そうしましょう。

あたらしい けいたいでんわ 17

체크포인트

1 ~ている: 状態、動作の進行をあらわす
2 ~が できる、~が わかる
3 ~する だけでなく

✿ 새로 나온 단어

けいたいでんわ(携帯電話)	ニュース	つまり
せんじつ(先日)	おくる(送る)	おば(叔母)
つかいかた(使い方)	もちあるく(持ち歩く)	ギター
おなじ(同じ)	どうろじょうほう(道路情報)	ビール
きしゅ(機種)	わらう(笑う)	おじ(叔父)
インターネット	おとうさん(お父さん)	ひく(弾く)
せかい(世界)	よこ(横)	かっこいい

I

キム　中村さん、あたらしい けいたいでんわ もって いますね。

中村　ええ、せんじつ かった ばかりですが、まだ つかいかたが よく わからなくて。

キム　ああ、そうですか。おもったより かんたんですよ。

中村　キムさんも おなじ 機種ですか。

キム　ええ、携帯で 電話する だけでなく、インターネットで せかいの ニュースを 見ることも できます。

中村　メールは よく おくりますが、インターネットもですか。

キム　それに パソコンを もちあるかなくても おいしい 店とか 道路情報も わかるから 便利ですよ。

中村　そうですか。携帯電話だけでも いろんな ことが できるんですね。

キム　ほかにも いろいろ ありますが、また こんど、くわしく 説明しましょう。

中村　キムさんの おかげで、いろいろな 使い方が わかりました。どうも ありがとう。

質問1 ____________________

質問2 ① ② ③

Ⅱ

イ　これ、なんの しゃしんですか。

森田　ああ、それ。それは ぼくが こどもの ころの 写真です。

イ　この わらって いる 人は 森田さんの お父さんですか。

森田　はい、そうです。

イ　じゃ、お父さんの よこに いる 人が お母さんですか。

森田　いいえ、これは 父の 妹、つまり ぼくの おばです。

イ　へー、そうなんですか。森田さんは おばさんと にて いますね。

森田　え、そうですか。

イ　この ギターを もって ビールを のんでいる 男の 人は だれですか。

森田　それは 父の 弟、ぼくの おじです。おじは ギターを ひく ことが できるんですよ。

イ　そうですか。かっこ いいですね。

質問1 ____________________

質問2 ① ② ③ ④

質問3 ① ② ③ ④

문형연습

1. 예문과 같이 한 문장으로 만들어 보세요.

田中さん・かばんを 持つ
→ 田中さんは かばんを 持って います。

(1) 先生・本を 読む →

(2) 山本さん・黒い 服を 着る →

(3) 金さん・めがねを かける →

(4) 兄・大学に 通う →

(5) 私・日本語を 勉強する →

2. 예문과 같이 한 문장으로 만들어 보세요.

けいたいでんわ・パソコン
→ けいたいでんわだけでなく パソコンも 買いました。

(1) けいたいでんわ・時計
→

(2) ＣＤ・本
→

(3) 財布・かばん
→

(4) カード・はがき
→

(5) 誕生日の プレゼント・本
→

3. 예문과 같이 바꾸어 말해 보세요.

私は 日本語を 話します。
→ 私は 日本語を 話す ことが できます。

(1) 私は テニスを します。
→ ______________________________

(2) 姉は ピアノを 弾(ひ)きます。
→ ______________________________

(3) 私の 先輩(せんぱい)は 日本語の 歌を 歌います。
→ ______________________________

(4) アンさんは Eメールを 送(おく)ります。
→ ______________________________

(5) 私は 500メートル 泳(およ)ぎます。
→ ______________________________

4. 예문과 같이 질문해 보세요.

先生の メール アドレス
→ 先生の メール アドレスが わかりますか。

(1) 地下鉄(ちかてつ)の 出口(でぐち)
→ ______________________________

(2) ファイルの 送り方(おくりかた)
→ ______________________________

(3) この 言葉(ことば)の 意味(いみ)
→ ______________________________

(4) 最終電車(さいしゅうでんしゃ)の 時間(じかん)
→ ______________________________

(5) あの 人の 名前(なまえ)
→ ______________________________

응용연습

✿ 청취 문제 연습

(1)

a　b　c　d　e

(2)

①

②

③

④

⑤

シートベルトを おしめください 18

체크포인트

1 ～てください
2 お～ください
3 おー名詞・ナ形容詞

✿ 새로 나온 단어

みなさま	すわる(座る)	えんりょ(遠慮)
ひこうき(飛行機)	もと(元)	よう(用)
はつ(発)	いち(位置)	よぶ(呼ぶ)
びん(便)	もどす(戻す)	そら(空)
てにもつ	けいたい(携帯)	たび(旅)
まえ(前)	でんげん(電源)	とる(撮る)
ざせき(座席)	シートベルト	シャッター
した(下)	しめる(締める)	おす(押す)
まもなく	きない(機内)	さがる
りりく(離陸)	きんえん(禁煙)	
おきゃくさま(客様)	たばこ(煙草)	

I

みなさま、この ひこうきは とうきょう はつ インチョン ゆきの K(けー) 203 びんです。てにもつは まえの おざせきの したに おいれください。まもなく りりく いたしますので、おきゃくさまは　おざせきに　おすわりください。おざせきや テーブルは もとの いちに おもどしください。けいたい でんわや パソコン の　でんげんは　おきりください。シートベルトを　おしめください。きないは きんえんと なって おりますので、おたばこは ごえんりょください。なにか ごようが あります ときは いつでも およびください。では、これから にじかん の そらの たびを ごゆっくり おたのしみください。

質問 ① a b ② a b ③ a b
④ a b ⑤ a b ⑥ a b

Ⅱ

イ	森田さん、しゃしん、おねがいします。
森田	いいですよ。
イ	この たてものと 木(き)を いれて とって ください。 シャッターは この 赤い ところを おして ください。
森田	わかりました。もう 少し うしろに さがって ください。
イ	ここで いいですか。
森田	はい、いいですよ。じゃ、とりますよ、わらって。チーズ。
イ	こんどは こっちの カメラで、もう いちまい とって ください。
森田	じゃ、もう いちど、チーズ。
イ	ありがとう。

質問1　①　②　③　④

質問2　＿＿＿＿＿＿＿＿＿＿＿＿＿＿

문형연습

1. 예문과 같이 바꾼 다음 소리 내어 읽어보세요.

名前を書く → 名前を 書いて ください。

(1) 受付(うけつけ) で 聞く →

(2) 窓を しめる →

(3) はやく 来る →

(4) ゆっくり 運転する →

(5) もう 一度 言う →

2. 예문과 같이 바꾼 다음 소리 내어 읽어보세요.

番号(ばんごう)を 書いて ください。→ 番号を お書きください。

(1) 受付(うけつけ)で 聞いて ください。→

(2) 来週中に 返して ください。 →

(3) タクシーに 乗って ください。 →

(4) すこし 待って ください。 →

(5) どうぞ 入って ください。 →

3. 예문과 같이 두 문장을 한 문장으로 고쳐보세요.

ご飯を 食べない・本を 読んだ → ご飯を 食べずに 本を 読みました。

(1) 休まない・勉強した →

(2) 傘(かさ)を 持たない・外に 出た →

(3) 先生に 会わない・そのまま 帰った → ____________________

(4) 間違(まちが)えない・質問(しつもん)に 答えた

→ ____________________

(5) 値段(ねだん)を みない・買った → ____________________

4. 예문과 같이 고쳐서 말해 보세요.

元気ですか → お元気ですか。
いい 考えですね。→ いい お考えですね。

(1) 辛い ものは 好きですか。 → ____________________

(2) 日本語が 上手ですね。 → ____________________

(3) 明日は ひまですか。 → ____________________

(4) 仕事(しごと)は 何ですか。→ ____________________

(5) 名前を 教えて ください。 → ____________________

응용연습

✿ 받아쓰기 연습

はい、みなさん、＿＿＿＿＿＿＿＿＿＿＿＿＿＿。

今日(きょう)は 17課(か)ですよ。

テキストの 83ページを ＿＿＿＿＿＿＿＿＿＿＿＿＿＿。

あれ、キムさん、テキストを わすれたんですか。こまりましたね。つぎは ちゃんと ＿＿＿＿＿＿＿＿＿＿＿＿ ね。

今日(きょう)は しかたないから となりの 人と 一緒(いっしょ)に ＿＿＿＿＿＿＿＿＿＿＿＿＿＿。

じゃあ、まず ＿＿＿＿ ほんぶんを ＿＿＿＿ いっかい ＿＿＿＿ よみますから、よく ＿＿＿＿。

わからない たんごは ＿＿＿＿＿＿＿＿＿＿＿＿＿＿ね。

✿ 청취 문제 연습

① 客は チーズバーガーと コーヒーを 買いました。
② 客は ハンバーガーと ポテトの セットメニューを 注文しました。
③ セットメニューは 360円です。
④ 男の 人は 店の 中で 食べます。

おにもつを おあずかりします 19

체크포인트

1 おーになる(尊敬表現)
2 おーです(尊敬表現)
3 おーする(謙譲表現)

✿ 새로 나온 단어

なんめいさま(何名様)	きまる(決まる)	いらっしゃる
ふたり	しょうしょう(少々)	もどる(戻る)
にもつ	まつ(待つ)	くる(来る)
あずかる(預かる)	おしぼり	つたえる(伝える)
ちゅうもん(注文)	もうす(申す)	

I

ウェイトレス　いらっしゃいませ。なんめいさまですか。

客　ふたりです。

ウェイトレス　おにもつを　おあずかりします。では、テーブルに　ごあんないします。

ウェイトレス　ごちゅうもんは　おきまりですか。

客　ええと、ランチの　A　コースを　ふたり　ぶん　おねがいします。

ウェイトレス　かしこまりました。しょうしょう　おまちください。

客　すみません、おしぼり　ありますか。

ウェイトレス　はい、すぐに　おもちします。

質問1　①　②　③

質問2　①　②　③　④

Ⅱ

A　しつれいします。わたし、いけだと もうしますが、山口 先生は いらっしゃいますか。

B　先生は 少し まえに おでかけに なりましたけど。

A　あ、そうですか。いつごろ おかえりに なりますか。

B　30分後には おもどりに なると おもいますよ。おまちに なりますか。

A　いいえ、30分後に また きます。

B　わかりました。あとで 先生に そのように おつたえします。

質問　①　②　③　④　⑤

문형연습

1. 예문과 같이 바꾼 다음 소리 내어 읽어보세요.

先生は コーヒーを 飲みます。
　→ 先生は コーヒーを お飲みに なります。

(1) 先生は 教室(きょうしつ)に 入ります。
　→ ______________________________

(2) 先生は 5時に 帰ります。
　→ ______________________________

(3) 毎日(まいにち) 新聞(しんぶん)を 読みますか。
　→ ______________________________

(4) 昨日 先生は 講義(こうぎ)を 休みました。
　→ ______________________________

2. 예문과 같이 바꾼 다음 소리 내어 읽어보세요.

例) わたしが 持ちます。→ わたしが お持ちします。

(1) 写真(しゃしん)を 撮(と)ります。 → ______________

(2) わたしが 駅まで 送(おく)ります。 → ______________

(3) 来週中(らいしゅうちゅう)に 届(とど)けます。→ ______________

(4) 後で電話で連絡(れんらく)します。 → ______________

3. 예문과 같이 바꾼 다음 소리 내어 읽어보세요.

例) どこか 出かけますか。→ どこか お出かけですか。

(1) 今日は 約束(やくそく)が ありますか。→ ______________________

(2) この 意味(いみ)が わかりますか。→ ______________________

(3) パスポートは 持っていますか。 → ______________________

(4) なにか 困(こま)って いますか。 → ______________________

4. 예문과 같이 바꾼 다음 소리 내어 읽어보세요.

例) 荷物(にもつ)を 持つ・先生 → 先生が 荷物を お持ちに なりました。
わたし → わたしが 荷物を お持ちしました。

(1) 写真を 撮る・先生 → ______________________
わたし → ______________________

(2) 呼ぶ・先生 → ______________________
わたし → ______________________

(3) 書く・先生 → ______________________
わたし → ______________________

(4) 電話を かける・先生 → ______________________
わたし → ______________________

응용연습

✿ 청취 문제 연습

(1) ________ (2) ________ (3) ________ (4) ________

①

②

③

④

いま テレビを みて いる ところ 20

체크포인트

1 ～ている(動作が引き起こした結果の状態)
2 ～てある(人為的動作、作用の結果状態)
3 ～する ところ(これから動作が始まる状態)
4 ～した ところ(動作が完了した状態)
5 ～している ところ(動作が継続している状態)

✿ 새로 나온 단어

テレビ	さがす(探す)	まど(窓)
やきゅう(野球)	いこう(行こう)	あく(開く)
はじまる(始まる)	ほうが いい	じてんしゃ(自転車)
たいいく(体育)	かぎ(鍵)	おく(置く)
ていしゅつ(提出)	かかる	あるく(歩く)
あさって	き(電気)	ねる(寝る)
しりょう(資料)	つく(付く)	～かもしれない

I

中村　もしもし。

キム　もしもし、キムですけど。いま なに して いますか？

中村　テレビを 見(み)て いる ところです。プロやきゅう、もう すぐ はじまる ところ なんです。

キム　やきゅうですか。

中村　ええ、たいいくの レポートの ために。

キム　え、レポート。ていしゅつは いつですか。

中村　らいしゅうの 月曜日(げつようび)、あさってですよ。

キム　あっ、そうだった。

中村　だいじょうぶですか。しりょうは もう さがして ありますか。

キム　いや、まだです。たいへんだ。どうしよう。

中村　じゃ、テレビで 野球(やきゅう)を 見るのは どうですか。今(いま)、はじまった ところですよ。

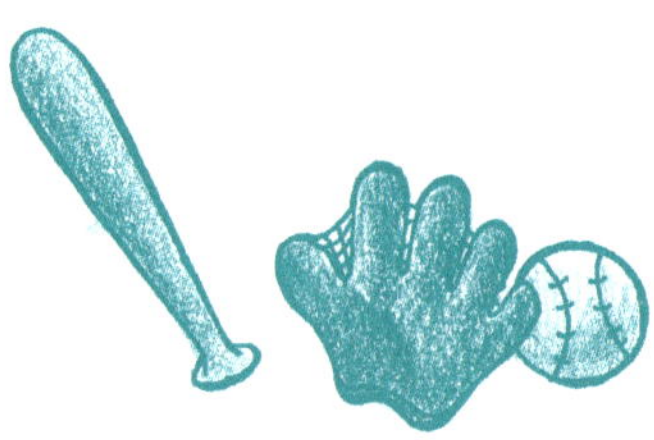

質問1　①　②　③

質問2　①　②　③

質問3　①　②　③　④

Ⅱ

森田　キム君、いないのかなあ。ドアには かぎが かかって いるし。

イ　でも 部屋に でんきが ついて いるし、まども あいて いますよ。自転車も おいて あるし。

森田　じゃあ、あるいて でかけたのかなあ。

イ　部屋の 中で ねてるんじゃないですか。

森田　そうかも しれませんね。しかたないから あとで また きましょう。

質問　①（　a　　b　）　②（　a　　b　）
③（　a　　b　）　④（　a　　b　）

문형연습

1. 예문과 같이 바꾼 다음 소리 내어 읽어보세요.

窓を 開ける。→ 窓が 開けて ある。

(1) 本を 出す。 → ____________________

(2) 電気(でんき)を つける。 → ____________________

(3) 名前(なまえ)を 書く 。 → ____________________

(4) ご飯を 作る。 → ____________________

(5) 冷蔵庫(れいぞうこ)に ビールを 入れる。→ ____________________

2. 예문과 같이 바꾼 다음 소리 내어 읽어보세요.

窓(まど)が 開く → 窓が 開いて いる。

(1) 大きな 月(つき)が 出る。 → ____________________

(2) 人が 集(あつ)まる。 → ____________________

(3) 鍵(かぎ)が かかる。 → ____________________

(4) 電気が つく。 → ____________________

(5) 眼鏡(めがね)を かける。 → ____________________

3. 예문과 같이 바꾼 다음 소리 내어 읽어보세요.

明日は 雨が ふります → 明日は 雨が ふるかも しれない。

(1) 来年、日本に 行きます。 → ____________________

(2) あの 二人は 結婚(けっこん)します。→ ____________________

(3) 明日は 家に いません。 → ____________________

(4) 中村さんは お酒(さけ)を 飲みません。→ ____________________

(5) 田中先生は 韓国語が 上手です。 → ____________________

✿ 청취 문제 연습

(1)

例) -- a

① ________ ② ________ ③ ________ ④ ________

a

b

c

d

e

(2)

質問1 ① ② ③

質問2 ① ② ③

(3)

①

②

Memo

たんじょうび おめでとう

21

체크포인트

1 願望表現 : たい、たがる

2 授受表現 : くれる、もらう

3 経験・習慣 : ～ことが ある

✿ 새로 나온 단어

おめでとう	れんらく(連絡)	おしゃれ
しょくじ(食事)	ネックレス	じみ(地味)
きに なる(気に なる)	はたち(二十歳)	ネクタイ
みせ(店)	おいわい(お祝い)	えらぶ(選ぶ)
えきまえ(駅前)	くれる	
しる(知る)	にあう(似合う)	

I

森田	中村さん、誕生日 おめでとう。
中村	ありがとう。
森田	キム君も 明日(あした) 誕生日だし、みんなで しょくじでも どう？ 何(なに)か たべたいもの、ある？
中村	そうねえ、とくに ないけど、ちょっと 気(き)に なる おみせが あるんだ。
森田	どこ？
中村	さいきん えきまえに できた ミントって いう 店(みせ)、しらない?
森田	ああ、名前(なまえ)は 知(し)ってる。たしか イさんも 行(い)きたがって いたよ。
中村	わたしも まだ 行(い)った こと ないんだけど、どんな 店か 知(し)りたいから みんなで 行って みない?
森田	いいよ、じゃあ みんなに れんらくするよ。

質問1　①　　②　　③

質問2　①　　②　　③

Ⅱ

森田　それ、すてきな ネックレスですね。

イ　あ、これですか。これは 母が はたちの おいわいに くれたんです。

森田　そうですか。よく にあって いますよ。

イ　森田さんの シャツも とても おしゃれですね。

森田　これは 韓国に 来る とき 友だちが くれたんです。

イ　そうなんですか。

森田　本当は もう 少し じみなのが ほしかったんですけど。

イ　わたしは 父に ネクタイを プレゼントした ことが ありますけど、プレゼントを えらぶのは むずかしいですね。

質問1　①　②　③

質問2　①　②　③

質問3　①　②　③　・ⓐ　ⓑ　ⓒ

문형연습

1. 예문과 같이 바꾼 다음 소리 내어 읽어보세요.

日本に 行きました。→ 日本に いった ことが あります。

(1) さしみを 食べました。 → ______________________

(2) 車を 運転しました。 → ______________________

(3) 日本人に 道を 教えました。→ ______________________

(4) 映画を 見て 泣(な)きました。→ ______________________

2. 예문처럼 문장을 이어 보세요.

毎日 勉強しますが、→ しない ことも あります。

(1) 毎晩(まいばん) テレビを 見ますが、 → ______________________

(2) ふつう 朝ご飯は 食べませんが、 → ______________________

(3) あまり お酒は 飲みませんが、 → ______________________

(4) 料理(りょうり)は あまり 作りませんが、→ ______________________

3. 예문처럼 하나의 문장으로 만들어 보세요.

例) わたし・かわいいペット・飼(か)う

→ わたしは かわいい ペットが 飼いたいです。

(벨소리)

(1) わたし・日本のドラマ・見る

→ ______________________

(2) わたし・おいしい スパゲティ・食べる

→ ______________________

(3) わたし・海外旅行(かいがいりょこう)・する

→ ______________________________

(4) わたし・日本語・上手に なる

→ ______________________________

4.예문처럼 하나의 문장으로 만들어 보세요.

彼・日本の ドラマ・見る

→ 彼は 日本の ドラマを 見たがって います。

(1) 彼女(かのじょ)・パソコン・買う

→ ______________________________

(2) 兄(あに)・仕事(しごと)・やめる

→ ______________________________

(3) 姉(あね)・おいしい ケーキ・食べる

→ ______________________________

(4) 父(ちち)・ゴルフ・行く

→ ______________________________

5. 예문과 같이 바꾸어 보세요.

この ペンは 兄が くれました。→ このペンは 兄に もらいました。

(1) この 時計は 母(はは)が くれました。→ ______________________________

(2) この 絵(え)は ともだちが くれました。→ ______________________________

(3) この お金は 父が くれました。 → ______________________________

(4) この 辞書(じしょ)は 先輩(せんぱい)が くれました。

→ ______________________________

응용연습

✿ 받아쓰기 연습

森田	イさんは スキーを ________________________。
イ	いいえ、いちども ________________。
森田	じゃあ、ことしの 冬、いっしょに スキーに __________________。
イ	わー、ぜひ 行きたいです。でも、 ____________________ ことも あるんでしょう。
森田	だいじょうぶですよ。でも、_______________________ ひとは こうしゅうを うける ほうが いいですよ。
イ	森田さんも _______________________ 。
森田	はい。インストラクターの 人が しんせつに ゆっくり ____________________ 、すぐ じょうずに なりましたよ。

✿ 청취 문제 연습

① __________ ② __________ ③ __________ ④ __________

おにもつを おあずかりします 22

체크포인트

1 動詞(~れ)ば

2 動詞(~x, ~)たら

3 動詞(u, ~る)と

4 動詞(u, ~る)なら

✿ 새로 나온 단어

けんか	のうりょく(能力)	じょうず(上手)
おこる(怒こる)	うける(受ける)	どりょく(努力)
つまらない	ききとり(聞き取り)	せいこう(成功)
なんか	なんども(何度)	ことば(言葉)
いつも	れんしゅう(練習)	

I

中村	どうしたの。げんき ないね。
森田	じつは 昨日、キム君(くん)と ちょっと けんかしてね。
中村	そうだったんだ。でも、そんなに 気(き)に する こと ないと 思(おも)うけど。
森田	でも、まだ おこって いたら どうしよう。
中村	そんなに しんぱいなら でんわして みたら？
森田	電話(でんわ)か。でも 何(なん)て 言(い)ったら いいのかなあ。
中村	かんたんよ。「昨日(きのう)は ごめん」って 言(い)えば いいじゃない。
森田	ああ、つまらないことで けんかなんか しなければ よかったなあ。
中村	あんまり 心配(しんぱい)すると ストレスに なるよ。ほら、電話、電話。

質問1　①　②　③

質問2　①　②　③　④

Ⅱ

先生　キムさんは いつも よく べんきょうして いますね。

キム　じつは 12月に 日本語 のうりょく しけんを うけるんです。

先生　そうですか。

キム　でも、日本語は 勉強すれば するほど 難しいですね。

先生　とくに なにが 難しいですか。

キム　わたしは ききとりが にがてなんです。

先生　でも、なんども テープを きいて 練習すれば じょうずに なりますよ。「なせば なる」ですよ。

キム　「なせば なる」って どういう いみですか。

先生　「やれば できる」って ことよ。がんばって どりょくすれば なんでも せいこうするって いう いみ。

キム　そうですか。いい ことばですね。

質問1　①　②　③

質問2　①　②　③

質問3　①　②　③

문형연습

1. 예문과 같이 한 문장으로 바꾼 다음 소리 내어 읽어보세요.

例) 冬に なる・雪(ゆき)が 降(ふ)る
→ 冬に なると 雪が 降ります。

(1) まっすぐ 行く・駅が 見える
→ ____________________

(2) 兄と ケンカを する・わたしが 負ける
→ ____________________

(3) 風邪(かぜ)を ひく・熱が 出る
→ ____________________

(4) 急(きゅう)に 運動する・疲(つか)れる
→ ____________________

(5) 100点を とる・気分(きぶん)が いい
→ ____________________

2. 예문과 같이 한 문장으로 바꾼 다음 소리 내어 읽어보세요.

例) 家に 帰る・電話する
→ 家に 帰ったら 電話して ください。

(1) わからない ことが ある・質問(しつもん)する
→ ____________________

(2) 弁当(べんとう)を 食べる・ごみは 持って かえる
→ ____________________

(3) 名前を 書く・前に 出す
→ ____________________

(4) テストが 終(お)わる・遊(あそ)びに くる
→ ____________________

(5) 先輩に 会う・よろしく 伝える
→ ____________________

3. 예문과 같이 한 문장으로 바꾼 다음 소리 내어 읽어보세요.

例) 急(いそ)ぐ・地下鉄が 早い

→ 急ぐなら 地下鉄が はやいですよ。

(1) 服(ふく)を 買う・東大門(トンデムン)が 安(やす)い

→ ______

(2) シンチョンに 行く・バスが 便利だ

→ ______

(3) 日本語の 勉強を する・日本の ドラマを 見ると いい

→ ______

(4) すしを 食べる・この店が おいしい

→ ______

(5) 運動を する／水泳(すいえい)が 楽しい

→ ______

4. 예문과 같이 한 문장으로 바꾼 다음 소리 내어 읽어보세요.

タクシーに 乗る・間(ま)に合(あ)う

→ タクシーに 乗れば 間に 合います。

(1) 見る・わかる

→ ______

(2) 郵便(ゆうびん)で 送(おく)る・いい

→ ______

(3) この 薬(くすり)を 飲む・なおる

→ ______

(4) 時間が ある・映画を 見に いきたい

→ ______

(5) この ボタンを 押(お)す・切符(きっぷ)が 出る

→ ______

응용연습

✿ 청취 문제 연습

	①	②
(1)		

(2)	①	②	③	④

みちあんない

23

체크포인트

1 仮定表現 ： と・ば・たら・なら

2 電話の表現 ： もしもし、ちょっと おききしますが、～

3 確認の表現 ： ～(です)ね

✿ 새로 나온 단어

みち(道)	びじゅつかん(美術館)	かんばん(看板)
まっすぐ	きく(聞く)	みえる(見える)
こうさてん(交差点)	いらっしゃる	きゅうかんび(休館日)
わたる(渡る)	ゆうびんきょく(郵便局)	やすみ(休み)
かど(角)	まがる(曲がる)	

I

女性	すみません、あさひ ぎんこうには どう 行けば いいんでしょうか。
男性	あさひ 銀行(ぎんこう)ですか。この みちを まっすぐ 行くと、こうさてんが あります。
女性	こうさてんですか。
男性	ええ。そこを わたった 左(ひだり)がわの かどが 銀行(ぎんこう)です。
女性	こうさてんを 渡(わた)った ひだりですね。ありがとう ございました。

質問 ① ② ③

Ⅱ

女性　はい、よこた びじゅつかんです。

男性　もしもし、ちょっと おききしますが、そちらの びじゅつかんには どう 行けば いいんでしょうか。

女性　どちらから いらっしゃいますか。

男性　よこた駅前です。

女性　では、駅前の みちを まっすぐ いくと 右がわに ゆうびんきょくが ありますから、そこを 右に まがって ください。

男性　まっすぐ 行って ゆうびんきょくで 右に まがるんですね。

女性　はい、そこから 5分 ぐらい あるけば、美術館の かんばんが 見えますから。

男性　きゅうかんびは いつですか。

女性　まいつき だい 1、だい 3 月曜です

男性　それなら、明日は 休みですね。わかりました。ありがとうございました。

質問1　①________　②________　③________

質問2　①________　②________　③________

質問3　①________　②________　③________　④________

문형연습

1. 예문과 같이 길을 물어 보세요.

郵便局(ゆうびんきょく) → すみません、郵便局へは どう 行けば いいでしょうか。

(1) 東京駅(とうきょうえき) → ____________________

(2) ろくばん 出口(でぐち) → ____________________

(3) 韓国大使館(かんこくたいしかん) → ____________________

(4) ここから いちばん ちかい 地下鉄駅(ちかてつえき)
→ ____________________

(5) 空港行(くうこうゆ)きのバスのりば → ____________________

2. 예문과 같이 바꾸어 말해 보세요.

例) 明日(あした)の 5時 → 明日の 5時ですね。

(1) 郵便局(ゆうびんきょく)の となり → ____________________

(2) 38番(ばん)の バス → ____________________

(3) まっすぐ 行って 右(みぎ) → ____________________

(4) 学校の となり → ____________________

(5) 川を わたって 左(ひだり) → ____________________

3. 예문과 같이 지도를 보고 설명해 보세요.

まっすぐ 行く・学校 → まっすぐ 行くと 学校が あります。

(1) 右(みぎ)に まがる・本屋(ほんや)
→ ____________________

(2) 交差点(こうさてん)を 渡(わた)る・大きな 建物(たてもの)
→ ____________________

(3) ふみきりを 渡る・病院(びょういん)
→ ____________________

(4) つきあたる・図書館(としょかん)

→ ______________________________

(5) 橋を 渡る・銀行の 隣に デパート

→ ______________________________

4. 지도를 보고 예문처럼 설명해 보세요.

例) 本屋・花屋(はなや)・となり → 本屋は 花屋の となりです。

1 パン屋・本屋・むかい → ______________________________

2 パン屋・花屋・ななめ前 → ______________________________

3 本屋・右・薬屋(くすりや) → ______________________________

4 パン屋・左(ひだり)・文具店(ぶんぐてん) → ______________________________

5 文具店・右・パン屋 → ______________________________

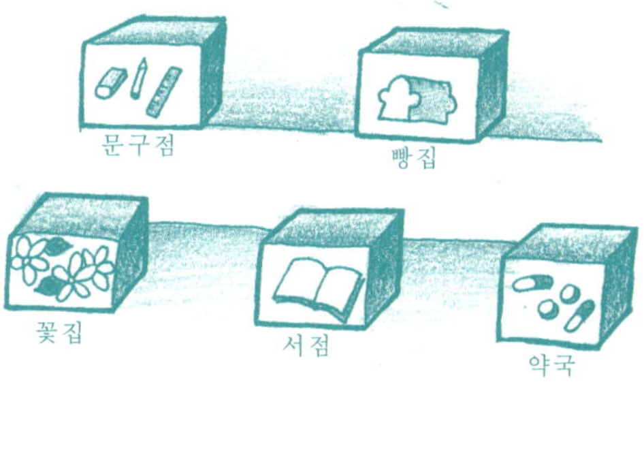

✿ 청취 문제 연습

(1) ____________________ (2) ____________________

(3) ____________________ (4) ____________________

(5) ____________________

みぎに まがっても いいんです

24

체크포인트

1 ～なければならない ・ ないといけない

2 ～てもいい

3 ～てはいけない

4 ～たり

✿ 새로 나온 단어

こうつう(交通)	かいもの(買物)	ただ
くるま(車)	ドライブ	しょっき(食器)
どうろ(道路)	こわい(怖い)	はんたい(反対)
はしる(走る)	すごい	きをつける(気をつける)
あかしんごう(赤信号)	おかず	さけ(酒)
まがる(曲る)	とくちょう(特徴)	つぐ(注ぐ)
それから	サービス	グラス
よる(寄る)	おかわり	あける(空ける)
めんきょ(免許)	たのむ(頼む)	

I

キム　韓国と 日本では こうつう ルールが 少し ちがいますね。

中村　そうですか。どんな ことが ちがいますか。

キム　韓国では 車は どうろの 右がわを はしるでしょう。

中村　そうですね。日本では 左がわです。

キム　それから、韓国では 赤しんごうでも 右に まがっても いいんですよ。

中村　え、そうなんですか。

キム　はい。だから 右に まがらない 車は 左に よらなければ いけないんです。

中村　へえ、それは しりませんでした。日本と ずいぶん ちがいますね。

キム　中村さんは 車の めんきょは ありますか。

中村　ありますよ。日本に いた ときは 車で かいものに 行ったり ドライブを したり しましたけど、韓国では ちょっと こわくて…。

質問 ① ________ ② ________ ③ ________ ④ ________

Ⅱ

森田　わあ、すごいですね。こんなに おかずが 出るんですか。

イ　はい。韓国料理の とくちょうです。ぜんぶ サービスだし、おかわりを たのんでも いいんですよ。

森田　へえ、おかずは ただ なんですか。いいですね。じゃ、いただきます。

イ　あ、ちょっと まって。韓国では しょっきを もって たべては いけないんです。

森田　それは 日本と はんたいですね。日本では 食器を もって 食べないと いけないんです。ほかにも 気を つける ことが ありますか。

イ　そうですねえ。おさけを つぐ ときは 全部 のんだ あとで つがなくては いけません。

森田　そうですか。日本では グラスを あける まえに 注いでも いいんですよ。

質問　① ________　② ________　③ ________

문형연습

1. 다음과 같은 상황일 때 예문과 같이 표현해 보세요.

タバコが すいたい。→ タバコを すっても いいですか。
水が 飲みたい → 水を 飲んでも いいですか。

(1) ここに 荷物(にもつ)を 置(お)きたい。→ ______________________

(2) トイレに いきたい。 → ______________________

(3) レポートを 来週 出したい。 → ______________________

(4) すこし 休みたい。 → ______________________

(5) ひらがなで 書きたい。 → ______________________

2. 예문과 같이 바꾸어 말해 보세요.

ここで たばこを すう。
(O) → ここで たばこを すっても いいです。
(X) → ここで たばこを すっては いけません。

(1) 美術館(びじゅつかん)で 写真(しゃしん)を 撮(と)る。
(X) → ______________________

(2) 来週 レポートを 出す。
(O) → ______________________

(3) お酒(さけ)を 飲んで 車を 運転(うんてん)する。
(X) → ______________________

(4) 少し はやく 帰る。
(O) → ______________________

(5) テストの とき 辞書(じしょ)を 使う。
(X) → ______________________

3. 예문과 같이 대답해 보세요.

毎日(まいにち) 予習(よしゅう)しますか。

　　はい → はい、毎日 予習しなければ なりません。

　　いいえ → いいえ、毎日 予習しなくても いいです。

(1) 毎日 日記(にっき)を つけますか。

　　はい → ____________________

(2) 晩(ばん)ごはんを 作りますか。

　　はい → ____________________

(3) 弟(おとうと)を 迎(むか)えに 行きますか。

　　いいえ → ____________________

(4) 明日は 朝 早く 起きますか。

　　いいえ → ____________________

(5) 毎日 薬(くすり)を 飲みますか。

　　はい → ____________________

4. 예문과 같이 한 문장으로 만들어 보세요.

例) 食べる・飲む → 食べたり 飲んだり します。

(1) わらう・なく → ____________________

(2) 本を 読む・音楽を 聞く → ____________________

(3) 電話(でんわ)を かける・メールを 送る

　　→ ____________________

(4) 雨が 降る・やむ → ____________________

(5) そうじを する・かいものに 行く

　　→ ____________________

응용연습

✿ 청취 문제 연습

(1)	① おふろに はいって おそく ねます。 ② おふろに はいれないから、はやく ねます。 ③ おふろに はいって、はやく ねます。 ④ おふろに はいらないで、おそく ねます。
(2)	a 火(ひ)を 消(け)す こと。 b ドアを 開(あ)ける こと。 c 外(そと)に 出(で)る こと。 d つくえの 下(した)に 入(はい)る こと。

やさしそうな ひとですね 25

체크포인트

1 伝聞・推量表現: ～みたい、～そう、～よう
2 ～かも しれない
3 意向・意志表現: ～よう
4 ～て くれる

✿ 새로 나온 단어

まるで	かんがえる(考える)	デザイン
たいふう(台風)	まよう(迷う)	シンプル
うん(運)よく	しんがた(新型)	かるい(軽い)
やさしい	コンパクト	おと(音)
じっさい(実際)	きのう(機能)	
そうでも ない	おおい(多い)	

I

中村　わあ、きれいな しゃしん。まるで がいこくみたいですね。どこで とったんですか。

キム　かぞくで プサンに 行った ときに テジョンデで とったんです。「たいふうが 来るかも しれない」って きいたんですけど、うんよく はれました。

中村　そうですか。この、キムさんの よこに いる 人は だれですか。

キム　これは わたしの 姉(あね)です。

中村　やさしそうな お姉(ねえ)さんですね。

キム　そうですか。じっさいは そうでも ないんですよ。

質問1　①＿＿＿＿　②＿＿＿＿　③＿＿＿＿

質問2　①＿＿＿＿　②＿＿＿＿　③＿＿＿＿

Ⅱ

キム　なにを そんなに かんがえてるんですか。

中村　CD プレーヤーを かおうと 思(おも)ってるんですが、まよって いるんです。この パンフレット、見て くれますか。

キム　どんな CD プレーヤーですか。

中村　こちらは しんがたで、ねだんは 高(たか)いんですけど、コンパクトだし、きのうが 多(おお)くて 便利(べんり)そうなんです。

キム　わあ、かっこ いいですね。

中村　そうでしょう。でも、こちらは デザインは ふるそうですけど、安(やす)いんですよ。

キム　でも、機能(きのう)は シンプルな ほうが つかいやすいかも しれませんよ。

中村　それは そうかも しれないけど。

キム　それに この ほうが かるそうです。おとも よさそうですよ。

中村　そうですか。うーん、じゃあ こっちに しようかなあ。

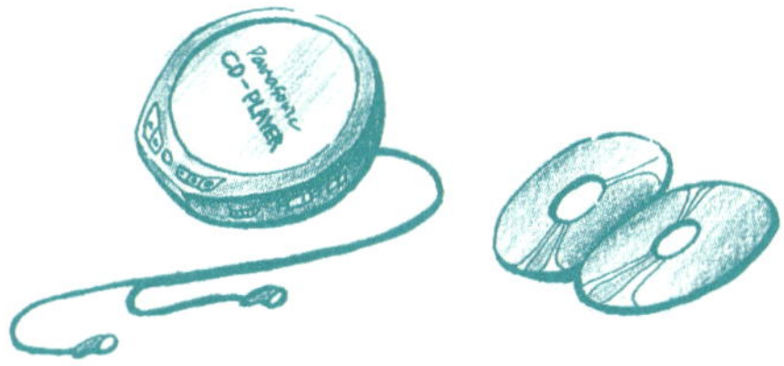

質問1　① ______　② ______　③ ______　④ ______

質問2　① ______　② ______　③ ______　④ ______　⑤ ______

문형연습

1. 예문과 같이 바꾼 다음 소리 내어 읽어보세요.

例) 彼が 私に 教えた。
→ 彼が 教えて くれました。

(1) 母が 私に セーターを 作った。
→ ______________________

(2) ともだちが 私に CDを 買った。
→ ______________________

(3) しらない 人が 私の にもつを はこんだ。
→ ______________________

(4) 日本の ともだちが 私に 手紙を 送った。
→ ______________________

2. 예문과 같이 바꾸어 말해 보세요.

例) すぐ 終わります。→ すぐ 終わりそうです。

(1) あしたは さむく なります。
→ ______________________

(2) 一人で できます。
→ ______________________

(3) コップが おちます。
→ ______________________

(4) 風邪(かぜ)を ひきます。
→ ______________________

3. 예문과 같이 한 문장으로 만들어 보세요.

例）田中さん・本が 読みたい → 田中さんは 本が 読みたいそうです。

(1) 木村さん・私は 頭(あたま)が いたい

→ ______________________________

(2) 鈴木さん・この 映画は きらいだ

→ ______________________________

(3) 山本さん・来週 日本に 行く

→ ______________________________

(4) 森さん・昨日は 誰(だれ)にも 会わなかった

→ ______________________________

4. 예문과 같이 바꾸어 말해 보세요.

例）日本語を 勉強する。

→ 日本語を 勉強しようと 思って います。

(1) もうすこし、がんばる

→ ______________________________

(2) 朝、早く 起きる

→ ______________________________

(3) スピーチ コンテストに でる

→ ______________________________

(4) ギターを 習う

→ ______________________________

응용연습

✿ 받아쓰기 연습

男　あれが ライオンの あかちゃんですか。
女　ねこの こどもみたいですね。でも てあしが 大きくて ＿＿＿＿＿＿＿＿ です。
男　せんげつ うまれたそうですよ。
女　おなかが すいて いるみたいですね。ミルクを ＿＿＿＿＿＿＿＿ のんで います。
男　もう いっぴきは おなか いっぱいみたいですね。ねむそうに あくびしてる。
女　ちょっと ＿＿＿＿ けど、ねて いる ところは やっぱり かわいいですね。

✿ 청취 문제 연습

(1) ①　②　③　④

(2) (例) ＿A＿
①＿＿＿＿　②＿＿＿＿　③＿＿＿＿　④＿＿＿＿

えいごを ならわせて います

26

체크포인트

1 使役表現: ～せる、させる

✿ 새로 나온 단어

おたく(宅)	つづける(続ける)	てつだう(手伝う)
おじょうさん	むり(無理)	たすかる(助かる)
ならう(習う)	こうか(効果)	あたらしい
すいえい(水泳)	こうはい(後輩)	ひろい(広い)
きょうしつ(教室)	ひっこす(引っ越す)	ひあたり(日当り)
かよう(通う)	はこぶ(運ぶ)	ぜひ
いやがる	すぐ	
じゅく(塾)	すむ(済む)	

I

佐藤(さとう)　藤井(ふじい)さんの おたくでは、おじょうさんに 何(なに)を ならわせて います？

藤井(ふじい)　うちは 英語(えいご)を 習(なら)わせています。ほかに すいえい教室(きょうしつ)にも かよわせて いますけど。佐藤(さとう)さんは？

佐藤　うちも スポーツでも させようと 思(おも)うんですが、こどもが いやがってね。

藤井　そうなんですか。

佐藤　ええ。夏休(なつやす)みだけは じゅくに 行かせたんですけど、やっぱり つづけさせた ほうが よかったかしら。

藤井　でも 本人(ほんにん)が いやがるのに むりに 行かせても こうかは ないかも しれませんよ。

質問1 ① ________ ② ________ ③ ________ ④ ________

質問2 ① ________ ② ________ ③ ________ ④ ________

質問3 ① ________ ② ________ ③ ________

質問4 ① ________ ② ________ ③ ________

Ⅱ

後輩(こうはい)　せんぱい、ひっこすそうですね。たいへんじゃないですか。

先輩(せんぱい)　いや、にもつは サークルの こうはいたちに はこばせるから だいじょうぶだよ。

後輩　でも けっこう 多(おお)いんじゃないですか。

先輩　弟(おとうと)に トラックを もって こさせるから すぐ すむだろう。

後輩　そうですか。なにか できる ことが あったら わたしにも てつだわせて ください。

先輩　ああ、わかった。たすかるよ。

後輩　よかったら 今度(こんど)、あたらしい 部屋(へや)を 見(み)せて ください。

先輩　いつでも くれば いいよ。こんどの 部屋は 広(ひろ)くて ひあたりも いいんだ。

後輩　ぜひ いかせて もらいます。

質問　①　　②　　③　　④

문형연습

1. 예문과 같이 한 문장으로 만들어 보세요.

例) 社長・社員・車を 運転する → 社長は 社員に 車を 運転させます。

(1) お母さん・子供・掃除を する → ______________________

(2) 先輩・後輩・荷物を 運ぶ → ______________________

(3) お兄さん・弟・本を 持って くる → ______________________

(4) 先生・学生・ノートを 出す → ______________________

(5) 友達・私・お金を 払う → ______________________

2. 예문과 같이 바꾸어 말해 보세요.

本を よみたいです。→ 本を 読ませて ください。
少し 考えたいです。→ 少し 考えさせて ください。

(1) 来週は 休みたいです。 → ______________________

(2) トイレに 行きたいです。 → ______________________

(3) ここで 少し 待ちたいです。→ ______________________

(4) ぜひ やりたいです。 → ______________________

(5) 私の 友だちを 紹介(しょうかい)したいです。

→ ______________________

3. 다음 대화를 읽고 사역문을 만들어 보세요.

例) 先生: イさん、テキストを 読んで ください。
木村: はい、先生。
→ 先生は イさんに テキストを よませます。

(1) 男: あー、よく 食べたなー。お前たち、計算 たのむぞ。

女: えー、先輩。僕たちが お金を 払うんですか。

→ ____________________

(2) 男: 田中さん、会議室に 書類を 持って 行って 欲しいんだが。

女: はい、課長。

→ ____________________

(3) 女: タケシ、たまには 部屋の 掃除くらい しなさい。

男: はい はい、わかりました。

→ ____________________

(4) 男: ちょっと この 宿題 やって くれよ。

女: えー、お兄ちゃんの 宿題でしょう?

→ ____________________

(5) 男: ケイコ、ちょっと タオル 持って きて くれ。

女: はーい。1枚で いい?

→ ____________________

4. 예문과 같이 바꾸어 말해 보세요.

いやだ → いやがっています。

食べたい → 食べたがっています。

(1) さむい → ____________________

(2) ほしい → ____________________

(3) かわいい → ____________________

(4) 読みたい → ____________________

(5) 行きたい → ____________________

응용연습

✿ 청취 문제 연습

(例) ④

(1) ______ (2) ______ (3) ______

①

②

③

④

いぬに てを かまれました 27

체크포인트

1. 受動表現: ～れる / ～られる
2. ～て あげる

✿ 새로 나온 단어

からだ(体)	ふむ(踏む)	かむ(噛む)
ちょうし(調子)	そのうえ	おおや(大家)
こうえん(公園)	かえりみち(帰り道)	さんぽ(散歩)
バスケット	どろ(泥)	て(手)
きゅうに(急に)	かける	たいした
あめ(雨)	さいあく(最悪)	けが(怪我)
ふる(降る)	きぶん(気分)	びょういん(病院)
あわてる(慌てる)	かぜぎみ(風邪気味)	つれて(連れて)
しょくどう(食堂)	ほうたい(包帯)	
あし(足)	いぬ(犬)	

I

中村　その ほうたい、どうしたんですか。

キム　ああ、これですか。いぬに かまれたんです。

中村　ええっ。いぬに？

キム　はい。せんしゅう、おおやさんの いぬの さんぽを たのまれたんですけど、その 犬(いぬ)に 手(て)を かまれて。

中村　それは たいへんでしたね。

キム　たいした けがじゃ ないんですけど、おおやさんが 心配(しんぱい)して、びょういんに つれて 行ってくれたんです。

中村　さんぽに つれていって あげて かまれるなんて、うんが わるかったですね。

質問1　① ________　② ________　③ ________　④ ________

質問2　① ________　② ________　③ ________　④ ________

Ⅱ

中村　今日、元気 ないみたいね。

森田　ちょっと 体の ちょうしが よくないんだ。

中村　どうしたの？

森田　こうえんで バスケット してたんだけど、きゅうに 雨に ふられてね。

中村　昨日の あめは ひどかったね。

森田　うん。それで あわてて ちかくの しょくどうに はいったんだけど、店の おばさんに 足を 踏まれて。

中村　それは うんが わるかったね。

森田　そのうえ、かえりみちで タクシーに どろみずを かけられて、本当に さいあくの きぶんだったよ。

中村　それで かぜぎみ なんだ。

質問1　①　②　③　④

質問2　①　②　③　④

質問3　①　②　③　④

문형연습

1. 예문과 같이 바꾼 다음 소리 내어 읽어보세요.

となりの　人が　わたしの　あしを　ふみました。
　　→ となりの　人に　あしを　ふまれました。

(1) 弟が　私の　ケーキを　食べました。
　　→ ______________________________

(2) 妹が　私の　日記を　読みました。
　　→ ______________________________

(3) 兄が　私の　CDを　こわしました。
　　→ ______________________________

(4) どろぼうが　財布(さいふ)を　とりました。
　　→ ______________________________

(5) 先生が　よびました。
　　→ ______________________________

2. 예문과 같이 한 문장으로 만들어 보세요.

この　絵(え)・世界中(せかいじゅう)の　人が　知って　いる
　　→ この　絵は　世界中の　人に　知られて　います。

(1) この本・多くの　人が　読んでいる
　　→ ______________________________

(2) この歌・世界中の人が歌っている
　　→ ______________________________

(3) この　人・若い　人たちが　知って　いる
　　→ ______________________________

(4) 箸(はし)・アジアの 国々(くにぐに)で 使って いる

→ ______________________________

(5) この ソフト・いろいろな 会社(かいしゃ)で 使って いる

→ ______________________________

3. 예문과 같이 대화 내용을 「~てあげる」를 사용한 문장으로 고쳐 보세요.

女: 窓を 開けて くれませんか。
男: はい、いいですよ。
　→ 窓を 開けて あげました。

(1) 女: この 本、あの 上に 置いて もらいたいんですけど。
　男: ここで いいですか。
　→ ______________________________

(2) 女: 駅まで 迎(むか)えに 来て くれる?
　男: わかった。すぐ 行くよ。
　→ ______________________________

(3) 男: おかあさん、この おもちゃ 買って。
　女: 誕生日まで 我慢しなさい。
　→ ______________________________

(4) 男: ちょっと お金(かね) 貸(か)して ほしいんだけど。
　女: ごめんね、今 あんまり お金ないの。
　→ ______________________________

✿ 청취 문제 연습

(1)

① ②

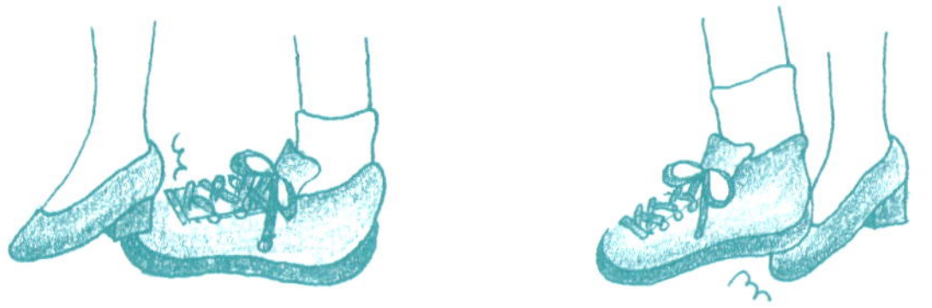

(2)

① ②

(3)

① ②

なんでも はなせる ひと 28

체크포인트

1 可能表現：-eる、られる

2 推定表現：らしい

✿ 새로 나온 단어

りそう(理想)	たんご(単語)	せいかく(正確)
はなす(話す)	はやい(速い)	しらべる(調べる)
おや(親)	ばめん(場面)	こまる(困る)
きがる(気軽)	そうぞう(想像)	くろう(苦労)
そうだん(相談)	らく(楽)	だくおん(濁音)
しんらい(信頼)	はつおん(発音)	ちょうおん(長音)
おたがい(お互い)	ひょうき(表記)	よむ(読む)
たすけあう(助け合う)	かく(書く)	

I

森田　イさんの 理想の 友だちって どんな 人ですか。

イ　そうですね。何でも 話せる 人かな。おやには 言えなくても、友だちには 言える ことって あるでしょう。

森田　そうですね。きがるに 何でも そうだん できる 友だちは たいせつですね。

イ　森田さんは どうですか。

森田　ぼくは しんらいできる 人です。何でも えんりょなく たのめる、こころの 広い 友だちが 理想です。

イ　そうですね。何でも 相談できて、おたがいに たすけあえる 人が 理想の 友だちかも しれませんね。

質問1 ①　②　③　④

質問2 ①　②　③　④

Ⅱ

キム　韓国の テレビは どれくらい わかりますか。

中村　ドラマは 大丈夫(だいじょうぶ)だけど、ニュースは 難(むずか)しいです。

キム　ニュースの どう いう ところが 難しいですか。

中村　たんごも 難しいし、はやくて ききとれないんです。でも、ドラマは ストーリーや ばめんで そうぞう できるから ニュースより らくです。

キム　そうですね。ドラマの ほうが おもしろいし。

中村　ええ。でも ハングルが 難しくて テレビで 聞(き)いた たんごが じしょで さがせないんですよ。

キム　ああ、発音(はつおん)と ひょうきが ちがう ことが 多(おお)いですからね。

中村　せいかくな 意味(いみ)が 知りたいのに、しらべられない ときは 本当(ほんとう)に こまります。

キム　森田さんも それで 苦労(くろう)しているらしいですよ。

中村　日本語(にほんご)は やさしいでしょう。

キム　いいえ、難しいですよ。濁音(だくおん)や 長音(ちょうおん)は 聞(き)きとれない ことが 多(おお)いです。読めない 漢字(かんじ)も たくさん ありますしね。

質問1　①　②　③　④

質問2　①　②　③　④

문형연습

1. 예문과 같이 바꾼 다음 소리 내어 읽어보세요.

私は 日本語を 話す ことが できます。

→ 私は 日本語が 話せます。

(1) ここで 本を 借りる ことが できます。

→ ____________________

(2) ここで たばこを 吸(す)う ことが できます。

→ ____________________

(3) インターネットで チケットを 予約(よやく)する ことが できます。

→ ____________________

(4) 私は ピアノを 弾(ひ)く ことが できます。

→ ____________________

(5) 私は 100メートル 泳(およ)ぐ ことが できます。

→ ____________________

2. 예문과 같이 바꾸어 말해 보세요.

明日は 雨が ふるそうだ。

→ 明日は 雨が ふるらしい。

(1) 来週は テストが あるそうだ。 → ____________________

(2) 彼は 去年 日本に 行ったそうだ。→ ____________________

(3) イさんの 家は 遠いそうだ → ____________________

(4) 中村さんは クラシックが 好きだそうだ。

→ ____________________

(5) あの コートは 高級品(こうきゅうひん)だそうだ。

→ ____________________

3. 예문처럼 <보기>의 어구와 「らしい」를 사용하여 뒤 부분을 완성해 보세요.

みんな 傘(かさ)を さして います。

外は → 雨が 降って いるらしい。

<보기>

例)	雨が 降っている	そうじを した
	はる	じゅぎょうが おわる
	ねむい	ひるやすみ

(1) 暖(あたた)かくて 花が たくさん さいています。

今の 季節は → ____________________

(2) キムさんは さっきから あくびばかり して います。

キムさんは → ____________________

(3) となりの 教室が にぎやかに なりました。

となりの 教室は → ____________________

(4) みんな 食堂(しょくどう)へ 行きます。

今は → ____________________

(5) 鈴木さんの 部屋が きれいに なりました。

鈴木さんは → ____________________

4. 예문과 같이 한 문장으로 만들어 보세요.

例) 遅刻する・中村さん

→ 遅刻するなんて 中村さんらしくない。

(1) けんかを する・キムさん → ____________________

(2) 宿題を 忘れる・イさん → ____________________

(3) 雪が 降る・11月 → ____________________

(4) 食欲が ない・森田さん → ____________________

(5) からい ものが きらいだ・韓国人 → ____________________

응용연습

✿ 받아쓰기 연습

鈴木	きのしたさん、＿＿＿＿＿＿ すきですか。
木下	わたしは ＿＿＿＿＿＿ ちょっと にがてなんです。
鈴木	どうしてですか。＿＿＿＿＿＿＿ いろんな ひとに し、めずらしいものも ＿＿＿＿＿＿ から、 わたしは すきですよ。
木下	それは いいんですけど、ばしょが かわると よく ＿＿＿＿ んですよ。 それで たいちょうを くずして しまうんです。
鈴木	そうですか、それは ざんねんですね。
木下	わたしも おいしい ものを 食べたり おみやげを 買ったり するのは すきなんですけどね。

✿ 청취 문제 연습

(1)	①	②	③	④
(2)	①	②	③	④

よく きて くれました

29

체크포인트

1 ～てくれる / ～てくださる

2 ～てもらう / ～ていただく

✿ 새로 나온 단어

あがる	じゅんび(準備)	じゅうしょ(住所)
おじゃまします	おそくなる(遅くなる)	はいたつ(配達)
せまい(狭い)	そろそろ	つごう(都合)
てきとう(適当)	よい おとしを おむかえください	とどける(届ける)
つま(妻)	らいねん(来年)	しらせる(知らせる)
てりょうり(手料理)	あう(会う)	ごぜんちゅう(午前中)
くちにあう(口に合う)	ほんだな(本棚)	

I

先生　ああ キムさん、いらっしゃい。さあ、あがって。

キム　おじゃまします。これ つまらない ものですが、どうぞ。

先生　ありがとう。そんなに　気を　つかわなくても　よかったんですよ。せまいけど てきとうに すわって。

キム　はい、しつれいします。

先生　口に 合うか どうか わからないけど、まあ たくさん 食べて。

キム　いろいろ じゅんびして いただいて ありがとう ございます。じゃ、いただきます。

キム　先生、おそくなりましたので、わたしは　そろそろ　しつれいします。今日は たのしかったです。

先生　わたしも 楽しかったですよ。また きて ください。

キム　ありがとう ございます。じゃ 先生、よい お年を おむかえください。

先生　キムさんも よい　おとしを。気を　つけて かえって ください。

質問　①　　　②　　　③

Ⅱ

客(女)　この ほんだな、おねがいします。

店員(男)　はい、こちらの 本棚(ほんだな)ですね。

客　はいたつして もらえますか。

店員　はい、いいですよ。こちらに じゅうしょと 電話(でんわ)ばんごうを おねがいします。

客　はい。あの、きょうは つごうが わるいので あした はいたつして いただきたいんですが。

店員　あしたですね。わかりました。

客　できれば ごぜんちゅうに きて くださいますか。

店員　いいですよ。はいたつの まえに 電話で おしらせします。

客　じゃ、よろしく おねがいします。

質問　①　　②　　③　　④

문형연습

1. 예문과 같이 바꾼 다음 소리 내어 읽어보세요.

友達が 日本語を 教える。
→ 友達が 日本語を 教えて くれました。

(1) 知らない 人が たすける。
→ ______

(2) 友達が 宿題(しゅくだい)を てつだう。
→ ______

(3) となりの 部屋の 人が 荷物を はこぶ。
→ ______

(4) 母が お金を おくる。
→ ______

(5) 店の 主人(しゅじん)が やすく する。
→ ______

2. 예문과 같이 바꾸어 말해 보세요.

日本語を 教えて くれました・先生
→ 先生が 日本語を 教えて くださいました。

(1) 案内(あんない)して くれました・先生
→ ______

(2) 電話を 届(とど)けて くれました・誰か
→ ______

(3) お金を 寄付(きふ)して くれました・古い 先輩
→ ______

(4) 見舞(みま)いに 来て くれました・先生
→ ______

(5) ほめて　くれました。・社長(しゃちょう)

　→ ＿＿＿＿＿＿＿＿＿＿＿＿＿＿＿＿＿＿＿＿

3. 예문과 같이 바꾸어 말해 보세요.

隣(となり)の　人が　写真を　とって　くれました。
　→ 隣の　人に　写真を　とって　もらいました。

(1) 兄が　夕食を　作って　くれました。
　→ ＿＿＿＿＿＿＿＿＿＿＿＿＿＿＿＿＿＿＿＿

(2) 父が　駅まで　送って　くれました。
　→ ＿＿＿＿＿＿＿＿＿＿＿＿＿＿＿＿＿＿＿＿

(3) 先生が　古い　写真を　見せて　くれました。
　→ ＿＿＿＿＿＿＿＿＿＿＿＿＿＿＿＿＿＿＿＿

(4) 友達が　日本の　歌を　歌って　くれました。
　→ ＿＿＿＿＿＿＿＿＿＿＿＿＿＿＿＿＿＿＿＿

(5) 先生が　ビデオを　貸して　くれました。
　→ ＿＿＿＿＿＿＿＿＿＿＿＿＿＿＿＿＿＿＿＿

4. 예문과 같이 「てもらう」를 사용하여 부탁해 보세요.

もう　一度　言って　ほしい
　→ すみませんが、もう　一度　言って　もらえますか。

(1) 名前を　書いて　ほしい　→ ＿＿＿＿＿＿＿＿＿＿

(2) この　漢字を　読んで　ほしい　→ ＿＿＿＿＿＿＿＿＿＿

(3) 明日　少し　早く　来て　ほしい　→ ＿＿＿＿＿＿＿＿＿＿

(4) その　本を　見せて　ほしい　→ ＿＿＿＿＿＿＿＿＿＿

(5) 写真を　撮って　ほしい　→ ＿＿＿＿＿＿＿＿＿＿

응용연습

✿ 받아쓰기 연습

A　すみませんが、もう 少し おくに ＿＿＿＿＿＿ もらえませんか。

B　おくも ひとが ＿＿＿＿＿＿＿＿ よ。

A　じゃあ、すみませんが、この にもつを たなに ＿＿＿＿＿＿＿＿＿ か。
　　手が とどかない もので。

B　あ、いいですよ。ここで いいですか。

A　はい、＿＿＿＿＿＿＿＿＿＿。

✿ 청취 문제 연습

1.

例)	①	② √	③
(1)	①	②	③
(2)	①	②	③
(3)	①	②	③
(4)	①	②	③

擬声語(ぎせいご)・擬態語(ぎたいご) 30

체크포인트

1 擬声語 : にゃーにゃー、

2 擬態語 : びしょびしょ、ぶるぶる、ぎらぎら、きらきら、ひりひり、ふわふわ、ぞくぞく、むかむか、ちかちか、ずきずき

✿ 새로 나온 단어

こねこ(子猫)	ひかる(光る)	ゆうべ(昨夜)
ひろう(拾う)	け(毛)	さむけ(寒気)
ぬれる(濡れる)	さわる(触る)	せなか(背中)
ふるえる(震える)	のど(喉)	かぜ(風邪)
なく(鳴く)	こえ(声)	い(胃)
かわいそう	かおいろ(顔色)	め(目)
かえる(帰る)	わるい(悪い)	いたい(痛い)

I

中村	その こねこ、どうしたの？
森田	ああ、この あいだの 雨の 日に ひろったんだよ。
中村	どうして 拾ったの？
森田	駅前で 雨で びしょびしょに ぬれて いたんだ。さむそうに ぶるぶる ふるえて にゃーにゃー ないて いたんだよ。かわいそうで つれて かえったんだ。
中村	そうだったの。でも わたし、猫って にがて。目が ぎらぎら して いて ちょっと 恐く ない?
森田	そんな こと ないよ。夜でも きらきら ひかって とても きれいだよ。それに 毛が ふわふわして いて さわると きもち いいんだよ。

質問1 ① ② ③

質問2 ① ② ③

質問3 ① ② ③

Ⅱ

キム　　どうしたんですか。元気(げんき)が　ないですね。

中村　　ええ、ちょっと　のどが　ひりひりして、こえが　でないんですよ。

キム　　だいじょうぶですか。かおいろも　わるいですよ。

中村　　ゆうべから　何(なん)だか　さむけが　して　せなかが　ぞくぞく　するんです。

キム　　かぜですか。

中村　　よく　わかりませんが、食事(しょくじ)を　すると　いが　むかむか　するし、テレビを　見ると　目(め)が　ちかちかするし、あたまも　ずきずきいたむんですよ。

キム　　それは　たいへんですね。はやく　びょういんにいった　ほうが　いいですよ。

質問1　①　　②　　③　　④

質問2　①　　②　　③　　④

문형연습

1. 예문과 같이 한 문장으로 만들어 보세요.

食べる・ぱくぱく → ぱくぱく 食べます。

(1) 飲む・ごくごく → ____________________

(2) 読む・すらすら → ____________________

(3) 寝る・ぐうぐう → ____________________

(4) 歩く・ぶらぶら → ____________________

(5) 仕事を する・てきぱき → ____________________

2. 예문과 같이 한 문장으로 만들어 보세요.

水が ながれる・ざあざあ → 水が ざあざあ 流れます。

(1) 雨が ふる・ざあざあ → ____________________

(2) 星(ほし)が ひかる・きらきら → ____________________

(3) 道(みち)が すべる・つるつる → ____________________

(4) 酔(よ)っぱらいが 歩く・ふらふら → ____________________

(5) 雷(かみなり)が なる・ごろごろ → ____________________

3. 예문과 같이 한 문장으로 만들어 보세요.

道・でこぼこ → でこぼこの 道

(1) かみのけ・さらさら → ____________________

(2) 自転車・ぴかぴか → ____________________

(3) ごはん・ほかほか → ____________________

(4) くつ・ぶかぶか → ____________________

(5) かばん・ぼろぼろ → ____________________

✿ 받아쓰기 연습

(1) 女　昨日のテスト、どうだった?
男　難しくて ぜんぜん ＿＿＿＿＿＿＿＿＿＿＿ よ。

(2) 女　本当に だれにも 言わないでね。
あなたは ＿＿＿＿＿＿＿＿ から ちょっと 心配だな。
男　だいじょうぶ。だれにも 言わないから 教えてよ。

(3) 男　今日の みそしる、どう?
女　あ、おいしい。
さいきん、料理の ＿＿＿＿＿＿＿＿ みたいね。

(4) 女　あの方も おしりあい なんですか。
＿＿＿＿＿＿＿＿ ですね。
男　いや、それほどでも ありませんよ。

(5) 女　あ、その時計、ほんものでしょう。
男　わかりますか。さすが 木村さん、＿＿＿＿＿＿ なあ。

(6) 男　今日は あちこち 歩きまわって、すっかり ＿＿＿＿＿＿ だよ。
女　たいへんだったわね。おつかれ様。

(7) 女　先輩の 日本語、日本人みたいに 上手ですね。
男　そんなことないよ。きみは ＿＿＿＿＿＿＿＿ なあ。

부 록 (해답본)

あいうえお(発音の練習) 1

はつおんの れんしゅう 1

(1)	① あい	② いえ	③ うえ	④ えい	⑤ おと
(2)	① かお	② えき	③ きく	④ いけ	⑤ こい
(3)	① かさ	② いし	③ いす	④ あせ	⑤ うそ
(4)	① たき	② いち	③ つくえ	④ てつ	⑤ そと
(5)	① なか	② あに	③ いぬ	④ かね	⑤ つの
(6)	① はな	② ひも	③ ふね	④ へそ	⑤ ほし
(7)	① くま	② みち	③ むね	④ まめ	⑤ もの
(8)	① やま	② ゆき	③ ひよこ	④ やよい	⑤ ふゆ
(9)	① らく	② りす	③ まる	④ これ	⑤ ろく
(10)	① わたし	② わく	③ これを	④ つくえを	⑤ ひとを

はつおんの れんしゅう 2

(1)	① かがみ(鏡)	② かぎ(鍵)	③ かぐ(家具)	④ かげ(陰)	⑤ ごみ
(2)	① ひざ(膝)	② じき(時期)	③ すず(鈴)	④ かぜ(風)	⑤ かぞく(家族)
(3)	① ともだち(友達)	② はなぢ(鼻血)	③ つづみ(鼓)	④ でる(出る)	⑤ どく(毒)
(4)	① ばら	② ひび	③ こぶ	④ なべ	⑤ ぼく

はつおんの れんしゅう 3

(1)	① ぱらぱら	② ピヨピヨ	③ ぷよぷよ	④ ペコペコ	⑤ ぽろぽろ
(2)	① きゃく(客) ⑥ すいぎょく(翠玉)	② きゅうり	③ きょく(曲)	④ ぎゃく(逆)	⑤ ぎゅうにく
(3)	① しゃもじ ⑥ じょろ	② しゅみ	③ しょくじ	④ じゃぐち	⑤ じゅず
(4)	① おもちゃ	② うちゅう(宇宙)	③ ちょくせつ(直接)		
(5)	① ニャーニャー	② ニュース	③ ナンニョ(男女)		
(6)	① ひゃく(百) ⑥ びょうき(病気)	② ヒューズ ⑦ うそはっぴゃく	③ ひょいと ⑧ ピュア	④ こくびゃく(黒白) ⑨ ぴょこぴょこ	⑤ ビューティフル
(7)	① みゃく(脈)	② ミュージアム	③ みょうぎ(妙技)		
(8)	① がいりゃく	② りゅうこう	③ りょこう		

はじめまして 2

I

質問 1　てんきはどうですか。
　　(정답) いい てんきです。
質問2　선생님은 무엇을 들고 있습니까? 일본어로 말해 보세요.
　　(정답) にほんごの ほんと テープです。

II

質問　日本語の 先生の 名前は 何ですか。
　　(정답) たなか とおるです。

III

質問1　キム スホと イミナは 先生ですか。
　　(정답) いいえ、先生ではありません。学生です。
質問2　イ ミナは 何年生ですか。
　　(정답) にねんせいです。

문형연습

1. (1) たなかさん、おはようございます。
   (2) すずきさん、こんにちは。
   (3) キムさん、こんばんは。
   (4) イさん、さようなら。
   (5) もりたさん、おやすみなさい。

2. (1) いいえ、せんせいじゃありません。
   (2) いいえ、これは まんねんひつです。
   (3) いいえ、がくせいじゃありません。
   (4) いいえ、これは ほんです。
   (5) いいえ、あれは ドアです。

3. (1) はじめまして、たなかです。
   (2) どうぞ、よろしく おねがいします。
   (3) はじめまして、なかやまです。
   (4) こちらこそ、よろしく おねがいします。
   (5) はじめまして、すずきです。

4. (1) わたしは えいごの せんせいです。
   (2) ピエールさんは フランスごの せんせいですか。
   (3) キムさんは にほんごかの がくせいです。
   (4) それは ドイツごの ほんです。
   (5) これは なんですか。

응용연습

✿ 받아쓰기 연습

(1) たなか　はじめまして、たなかです。

どうぞよろしくおねがいします。

さとう　はじめまして、さとうです。

こちらこそどうぞよろしくおねがいします。

(2) お →「おはよう」は 英語(えいご)で グッド モーニングです。

は →「はじめまして」は ハウ ドゥ ユ ドゥ です。

そして、

よ →「ようこそ」は

う → ウェルカムの 意味(いみ)です。

✿ 청취 문제 연습

A：すずきさん、それは ほんですか。

B：すずき：いいえ、これは ほんじゃ ありません。ノートです。

(정답) ②

ごめんください　3

I

質問1　남의 집을 방문했을 때 인사말은 무엇입니까? 일본어로 말해 보세요.

(정답) ごめんください

質問2　손님이 오셨을 때는 무엇이라 말하며 맞아들입니까? 일본어로 말해 보세요.

(정답) ようこそ。どうぞ こちらへ。

II

質問1　방문할 때와 맞이할 때에 쓰이는 표현 중 잘못된 것을 고르세요.

① A：ごめんください。
　 B：ようこそ。
② A：いらっしゃいませ。
　 B：はい、どなたですか?
③ A：しつれいします。
　 B：はい、どうぞ。
④ A：せんせい、いのうえです。
　 B：やあ、いのうえくん、いらっしゃい。

(정답) ②

質問2　次のうち、ノックの　おとはどれですか。

① カンカン ② ワンワン ③ ポンポン ④ トントン

(정답) ④

III

質問1　つぎの　かいわでの「すみません」は　どんな　いみですか。

A：おっと!

B：どうも　すみません。

(정답) 미안합니다

質問2　つぎの　かいわでの「すみません」は　どんな　いみですか。

A：はい、どうぞ。

B：まあ、どうも すみません。

(정답) 고맙습니다

문형연습

1. (1) いいえ、これは ほんじゃありません。ノートです。
   (2) いいえ、それは まんねんひつじゃありません。シャープペンシルです。
   (3) いいえ、あれは きょうしつじゃありません。じむしつです。
   (4) いいえ、それは おちゃじゃありません。ラジオです。
   (5) いいえ、これは テープじゃありません。はこです。

2. (1) テープ ください。
   (2) ボールペン ください。
   (3) まんねんひつ ください。
   (4) ほんと ノート ください。
   (5) かばんと くつ ください。

3. (1) イミナですが、せんせいは いらっしゃいますか。
   (2) ユンソヨンですが、せんせいは いらっしゃいますか。
   (3) もりたですが、せんせいは いらっしゃいますか。

(4) なかむらですが、せんせいは　いらっしゃいますか。
(5) ハンジフンですが、せんせいは　いらっしゃいますか。

4. (1) やあ、いけうちさん、ようこそ。
(2) やあ、なかむらさん、ようこそ。
(3) やあ、イさん、ようこそ。
(4) やあ、きたはらさん、ようこそ。
(5) やあ、こばやしさん、ようこそ。

응용연습

✿ 받아쓰기 연습

もりた	ごめんください。
キムのおかあさん	はい、どなたですか。
もりた	キムさんの　ともだちの　もりたですが。
キムのおかあさん	まあ、いらっしゃい。どうぞ　こちらへ。

✿ 청취 문제 연습

(1) A：すみません、これください。
B：はい、えいごの　ほんですね。えいごかの　がくせいですか。
A：はい、そうです。
B：ありがとう　ございました。また、おこしください。
(정답) ②

(2) A：しつれいですが、さとうさんは　がくせいですか。
B：いいえ、さとうさんは　がくせいではありません。かいしゃいんです。
(정답) ③

あれは だれの かばんですか 4

I

質問1 だれが かんこくが はじめてですか。
① イ ミナ ② もりたつとむ ③ キムスホ
(정답) ②

質問2 だれと だれが ともだちですか。
① キムスホと もりたさん ② もりたさんと イミナ ③ なおきさんと イミナ
(정답) ①

II

質問1 キムさんの かばんは なにいろですか。
(정답) くろ

質問2 もりたさんの かばんも おなじ いろですか。
(정답) はい、そうです。

문형연습

1. (1) ともだちの いのうえさんです。
   (2) たんにんの せとうせんせいです。
   (3) こうむいんの なかむらさんです。
   (4) ピアニストの スージーさんです。
   (5) サークルの メンバーの イミナです。

2. (1) わたしの　せんこうは　にほんごがくです。
(2) わたしの　せんこうは　すうがくです。
(3) わたしの　せんこうは　けいざいがくです。
(4) わたしの　せんこうは　こうがくです。
(5) わたしの　せんこうは　ぼうえきがくです。

3. (1) それは　さとうさんのです。
(2) これは　すずきさんのです。
(3) あれはキムさんのです。
(4) それは　たなかさんのです。
(5) これは　わたしのです。

4. (1) キムさんのは　これです。
(2) ユンさんのは　それです。
(3) なかむらさんのは　あれです。
(4) ハンさんのは　これです。
(5) 先生のは　あれです。

응용연습

✿ 받아쓰기 연습

A　すみません。あの　くろの　かばん、わたしの　ですが。
B　ああ、あなたの　ですか。はい、どうぞ　。
A　ありがとうございます。

✿ 청취 문제 연습

(1) A キムさん、この　にっかんじしょ、あなたのですか。
キムスホ　いいえ、わたしのじゃ　ありません。それは　イミナさんの　ですよ。
A そうですか。じゃ、この　ボールペンも　ですか。
キムスホ　あ、それは　つとむさんの　ですよ。
(정답) ①

(2) ① どれが あなたの かさですか。

- これが わたしのです。

② たかさんは かんこくが はじめてですか。

- はい、かんこくは はじめでです。

③ どれが あなたの かさですか。

- それは わたしのです。

④ たなかさんは かんこくが はじめてですか。

- いいえ、かんこくは はじめてでは ありません。

(정답) ③

(3) よこかぎ(가로열쇠)

① あめですね。あなたの ○○は どれですか。

비올 때 사용하는 물건입니다.

② あさの あいさつです。

아침인사입니다.

③ よるの いろです。

어두운 밤하늘을 표현하는 색깔입니다.

④ せんせいの けんきゅうしつで ノックします。○○○○します。

문을 두드리며 하는 말입니다.

⑤ さとうさんの かばんは ○○ですか。

사또씨의 가방을 찾습니다.

①か (1)	さ		⑤ど (3)	れ
②お	は	よ	う	
			ぞ	
	④し (2)	つ	れ	い (4)
③く	ろ			み

たてかぎ(세로열쇠)

(1) め、はな、くち などが あります。

신체의 일부입니다.

(2) ひつじの いろです。

양떼를 그릴 때 이 색을 많이 사용합니다.

(3) おちゃと ケーキです。その つぎの ことばは？

권할 때 사용하는 표현입니다.

(4) 「ひつじ」は どんな ○○ですか。

「ひつじ」는 무슨 뜻입니까?

えきの ちかくに あります 5

Ⅰ

質問1 えきは どこに ありますか。

(정답) たてものの うしろ

質問2 たてものは えきの どこに ありますか。

(정답) えきの まえ

Ⅱ

質問1 小学校は どこに ありますか。

(정답) だいがくの ひだり

質問2 大学の 回りに ない 建物は どれですか。

① マンション ② ぎんこう ③ 学校 ④ 病院

(정답) ④

Ⅲ

質問1 キム スホの 家族は 何人 家族ですか。

(정답) ごにん かぞくです。

質問2 キム スホの 家の 電話番号を アラビア数字で 書きなさい。

(정답) 3241-5768

문형연습

1. (1) ノートと えんぴつが あります。
   (2) わたしの みぎに だれが いますか。
   たかはしさん →たかはしさんが います。
   (3) つくえの うえに なにが ありますか。
   にほんごの ほん → にほんごの ほんが あります。
   (4) いけの なかに なにが いますか。
   さかな → さかなが います。
   (5) さとうさんの ひだりに だれが いますか。
   あやのさん → あやのさんが います。

2. (1) わたしの いえは えきの うしろに あります。
   (2) キムさんは わたしの そばに います。
   (3) かばんは つくえの ひだりに あります。
   (4) コピーやは がっこうの うしろに あります。
   (5) すずきさんは きの うえに います。

3. (1) はい、います。
   (2) いいえ、だれも いません。
   (3) はい、あります。
   (4) いいえ、なにも ありません。
   (5) いいえ、なにもありません。

4. (1) いいえ、さとうさんの おとうさんは かいしゃいんです。
   (2) いいえ、なかむらさんの おねえさんは だいがくせいです。
   (3) いいえ、たかはしさんの おかあさんは しゅふです。
   (4) いいえ、イミナさんのおばさんはいしゃです。
   (5) いいえ、キムさんの おじさんは サッカーせんしゅです。

5. (1) おとうとは ちゅうがく さんねんせいで、いもうとは しょうがく ごねんせいです。
(2) ちちは かいしゃいんで、ははは こうこうの せんせいです。
(3) あねは だいがくせいで、あには サッカーせんしゅです。
(4) わたしは にほんごかの がくせいで、わたしは いちねんせいです。
(5) かんこくの しゅとは ソウルで、にほんの しゅとは とうきょうです。

응용연습

✿ 받아쓰기 연습

(1) A　へやの なかには なにが ありますか。
　　B　つくえ が あります。
(2) A　へやの なかに だれが いますか。
　　B　おとうと が います。

✿ 청취 문제 연습

(1) ②
(2) ①
(3) ③
(4) ① となり ② うしろ ③ そう

とても おいしいですね 6

I

質問1 中村 양은 케이크를 몇 개 먹었습니까? 일본어로 답하세요.
(정답) 一つです。

質問2 ケーキの味は どうですか。
① おいしいです。② けっこうです。③ きいろいです。④ あかいです。
(정답) ①

II

質問1 日本語の小説は どこに ありますか。
(정답) 二階に あります。

質問2 閲覧室が ないのは 何階ですか。
① 二階 ② 三階 ③ 四階 ④ 五階
(정답) ①

質問3 図書館に 席が ないのは 誰ですか。
① 先輩 ② パク ウンス ③ イミナ ④ キム スホ
(정답) ②

III

質問1 무슨 색 장미를 샀습니까? 일본어로 답하세요.
(정답) 赤い バラを 5本、黄色い バラを 10本 買いました。

質問2　모두 몇 송이 샀습니까? 일본어로 답하세요.
(정답) 全部で 15本 買いました。
質問3　왜 빨간 장미는 5송이를 샀습니까?
(정답) 高いから

문형연습

1. (1) この お菓子 おいしいですね。
(2) この 映画 おもしろいですね。
(3) この 部屋 せまいですね。
(4) 富士山 たかいですね。
(5) 韓国の 空 あおいですね。

2. (1) いいえ、きいろく ありません。
(2) いいえ、かわいく ありません。
(3) いいえ、たのしく ありません。
(4) いいえ、ひろく ありません。
(5) いいえ、ひくく ありません。

3. (1) すみません。お茶、五つおねがいします。
(2) すみません。お茶、六つおねがいします。
(3) すみません。お茶、七つおねがいします。
(4) すみません。お茶、八つおねがいします。
(5) すみません。お茶、九つおねがいします。

4. (1) いいえ、あついから もう けっこうです。
(2) いいえ、つめたいので もう けっこうです。
(3) いいえ、にがいから もう けっこうです。
(4) いいえ、あまいので もう けっこうです。

(5) いいえ、おいしくないから もう けっこうです。

응용연습

✿ 받아쓰기 연습

(1) ① A　あなたの 部屋は 広いですか。

B　いいえ、広くありません。せまいです。

② A　すみません。赤い ばら ありますか。

B　もうしわけありません。赤い ばらは 一本も ありません。

(2) ① これは 一本 350 円です。

② それは 一個 1700 円です。

③ あれは一つ 460 円です。

④ あの じしょは いっさつ 2620 円です。

⑤ この じてんしゃは いちだい 23800 円です。

✿ 청취 문제 연습

(1) かばんの 中には あつい 本が 三冊、赤い ノートが 四冊、長い えんぴつが 五本あります。かばんは かるくありません。おもいです。そしておおきいです。

① じしょは ありません。

② さんさつ あります。

③ いいえ、ちいさくありません。おおきいです。

(2) ① ほんが いち、に、さんさつ あります。　(정답) e

② ちいさい さかなが ろっぴき います。　(정답) d

③ 人が ひとり、ふたり、さんにん います。　(정답) c

④ おいしい おかしが ろっこ あります。　(정답) b

⑤ うつくしい ばらが ろっぽん あります。　(정답) f

⑥ いぬが いち、に、さんびき います。　(정답) a

おんがくが　すきです　7

Ⅰ

質問1　森田さんは　運動が　嫌いですか。
　　　(정답) いいえ、きらいではありません。すきです。

質問2　森田さんは　なぜ　ジャズがだめですか。
　　　(정답) ジャズが　すこし　にがてです。

質問3　キムさんの　趣味は　何ですか。
　　　(정답) おんがく　かんしょうです。

Ⅱ

質問1　キムさんと　森田さんは　どんな　歌が　好きですか。
　　　(정답) キムさんは　えんかが　好きで、森田さんは　ポップスが　すきです。

質問2　森田さんは　こんばん　何が　ありますか。
　　　(정답) せんやくが　あります。

문형연습

1. (1) 私は　日本語が　じょうずです。
   (2) あなたは　うんどうが　すきです。
   (3) 森田さんは　うたが　へたです。
   (4) 田中さんは　えいごが　にがてです。
   (5) 中村さんは　ダンスが　とくいです。

2. (1) いいえ、きれいではありません。
(2) いいえ、へたではありません。
(3) いいえ、りっぱではありません。
(4) いいえ、にぎやかではありません。
(5) いいえ、しんせんではありません。

3. (1) おおくらさんの しゅみは やきゅうです。
(2) キムさんの 趣味は おんがくかんしょうです。
(3) イミナさんの 趣味は どくしょです。
(4) さとうさんの 趣味は ゲームです。
(5) わたしの 趣味は すいえいです。

4. (1) つくえの 上には 立派な 時計が あります。
(2) つくえの 上には 立派な 万年筆が あります。
(3) かばんの 中には すてきな さいふが あります。
(4) テーブルの 上には しんせんな ジュースが あります。
(5) えきの 前には しずかな 公園が あります。

5. (1) 日本語は 上手ですが、ドイツ語は 下手です。
(2) 歌は 上手ですが、絵は 下手です。
(3) おにくは きらいですが、野菜は 好きです。
(4) スポーツは 得意ですが、ダンスは 苦手です。
(5) カラオケは 苦手ですが、歌は 好きです。

응용연습

✿ 받아쓰기 연습

(1) ① 番 私の 家の 前には りっぱな 公園があります。
② 公園は きれいな 花でいっぱいです。
③ いろいろな 木もあります。
④ 私は 公園の 景色が だいすき です。

(2) ① 番 この 部屋は 狭いですが、しずかです ね。
② 応接間に りっぱな ピアノがあります。
③ 交通は べんり ではありません。
④ サッカーは すき でも、きらい でもありません。

✿ 청취 문제 연습

ここは ジミンさんの 部屋です。
広くはないですが、きれいで 静かな ところです。
部屋の 中には 机や 椅子、テーブル、ベッドなどが あります。
オーディオ・セットも あります。
ジミンさんの 趣味は 音楽鑑賞です。
テーブルの 上には 花瓶も あります。花瓶は きれいな 花で いっぱいです。

(1) はい、しずかです。
(2) いいえ、コンピューターはありません。
(3) 音楽鑑賞(おんがくかんしょう)です。
(4) はい、きれいです。

いま なんじですか 8

I

質問1　男の人は 遅刻ですか。

(정답) はい、そうです。/ はい、遅刻(ちこく)です。

質問2　女の人は じゅぎょうが ありますか。

(정답) いいえ、ありません。

II

質問1　キムさんは なにが 心配ですか。

(정답) 日本語の 会話や 聴解の ほうが しんぱいです。

質問2　学園祭は いつですか。

① 授業の後 ② らいしゅう ③ テストの後 ④ どようび

(정답) ③

문형연습

1. (1) いまは しちじ じゅっぷんです。
   (2) いまは はちじ じゅうにふんです。
   (3) いまは くじ にじゅっぷんです。
   (4) いまは じゅうにじ ごじゅうさんぷんです。
   (5) いまは よじ さんじゅうごふんです。

2. (1) テストは じゅうじからです。
   (2) がくえんさいは ちゅうかんテストの あとからです。
   (3) りょうこうは こんしゅうの どようびからです。
   (4) ドラマは はちじはんからです。
   (5) しけんは らいしゅうの すいようびからです。

3. (1) わたしは にほんごの こうどくが しんぱいです。
   (2) わたしは えいかいわは だいじょうぶです。
   (3) わたしは けいざいがくのレポートが しんぱいです。
   (4) わたしは すうがくテストは だいじょうぶです。
   (5) わたしは かんこくごの かきとりが しんぱいです。

응용연습

✿ 받아쓰기 연습

ろくがつ ついたち は イミナさんの ピアノの 発表会でした。
ちょうど どようびでしたので、がっこうも やすみでした。
それで、ごご いちじから みんなで パーティーを しました。とても たのしい いちにちでした。

✿ 청취 문제 연습

(1) A : すずきさん でんわばんごうを おねがいします。
B : はい、さんよんきゅうさん(3493)の よんさんいちに(4312)です。
A : ありがとう ございました。
(정답) ③

(2) A : ほんと ノートで いちまん にせんえんです。
B : いちまん にせんえんですか。ええと、ごせんえんさつが にまい、せんえんさつが いちまいと、ごひゃくえんだまが ひとつ、ふたつと。はい、ちょうど いちまん にせんえんです。
(정답) ②

いっしょに いきませんか 9

I

質問1 なかむらさんは どこまで いきますか。
(정답) ごはんを たべに いきます。

質問2 イミナさんは なぜ としょかんへ いきますか。
(정답) ほんを かえしに いきます。

II

質問1 日本の こどもの ひは いつですか。
(정답) 五月五日です。

質問2 どうして 森田さんは こどもの ころ いやでしたか。
(정답) こどもの日のプレゼントと 誕生日のプレゼントが 一緒だから。

문형연습

1. (1) いっしょに教室へ行きませんか。
   (2) いっしょに日本語で話しませんか。
   (3) いっしょにテレビを見ませんか。
   (4) いっしょにごはんを食べませんか。
   (5) いっしょにうちへ帰りませんか。

2. (1) きょうは さんがつ みっかです。
   (2) きのうは しがつ よっかでした。

(3) あしたは ごがつ いつかです。
(4) あさっては ろくがつ むいかです。
(5) おとといは しちがつ なのかでした。

3. (1) すずきさんの おたんじょうびは いつですか。
(2) じゅぎょうは なんじから なんじまでですか。
(3) しょくじゅの ひは いつですか。
(4) ちゅうかんテストは いつから いつまでですか。
(5) あなたの おたんじょうびは いつですか。

4. (1) としょかんへ ほんを かえしに いきます。
(2) やっきょくへ くすりを かいに いきます。
(3) ぎんこうへ おかねを おろしに いきます。
(4) ゆうびんきょくへ てがみを だしに いきます。
(5) えいがかんへ えいがを みにいきます。

응용연습

✿ 받아쓰기 연습

男　中村さん、少し休みませんか。
女　あら、もうこんな時間!
男　コーヒーでもいかがですか。
女　それより、食事に行きませんか。おなかがすきました。

✿ 청취 문제 연습

女 : おはようございます。いつも早いですね。何時に会社へ来ますか。
男 : ええ、七時頃来ます。
女 : えっ、そんなに早く? じゃ、何時に家を出ますか。
男 : 家がちょっと遠いので、6時少し前には家を出ます。
(정답) ③

そんなに からく ありませんでした 10

I

質問1 カルビ クッパと ビビンパの うち どちらが からい ほうですか。
(정답) ビビンパの ほうです。

質問2 中村さんは ビビンパを 食べて どう 思いましたか。
① カルビ クッパのほうがよかった。
② キムさんが うらやましかった。
③ とてもからかった。
④ なかなか おいしかった。
(정답) ④

II

質問1 森田さんは なぜ たいへんだと いいましたか。
(정답) あたまの なかの ことを さくぶんに するのが むずかしかったから

質問2 イさんは しょうらい どんな 仕事を するのが 夢ですか。
(정답) つうやくの しごとを するのが ゆめです。

문형연습

1. (1) きのうは さむかったです。
   (2) おとといは すずしかったです。
   (3) おとといは あかるかったです。
   (4) せんしゅうの えんそうは りっぱだったです。
   (5) きのうの しあいは たのしかったです。

2. (1) カルビクッパは おいしかったです。
   (2) あの へやは ひろかったです。
   (3) にほんごの さくぶんは むずかしかったです。
   (4) あたまが いたかったです。
   (5) てんきが よかったです。

3. (1) いいえ、あたたかくありませんでした。
   (2) いいえ、すずしくありませんでした。
   (3) いいえ、よくありませんでした。
   (4) いいえ、さむくありませんでした。
   (5) いいえ、かわいくありませんでした。

4. (1) いいえ、じょうぶじゃありませんでした。
   (2) いいえ、きれいじゃありませんでした。
   (3) いいえ、にぎやかじゃありませんでした。
   (4) いいえ、すきじゃありませんでした。
   (5) いいえ、きらいじゃありませんでした。

응용연습

✿ 받아쓰기 연습

A　りっぱな ラケットですね。

B　これですか。これは むすこの 誕生日(たんじょうび)プレゼントです。

A　そうですか。<u>たかかったですか</u>。

B　いいえ、それほど <u>たかくなかったです</u>。

✿ 청취 문제 연습

(1) A：昨日はずいぶん暑かったですね。

B：そうですね。おとといはあんなに寒かったのに。

A：最近は天気が変ですね。

① 今日は 寒かったです。

② おとといは 暑かったです。

③ 昨日は 暑かったです。

④ 明日は 寒かったです。

(정답) ③

(2) A：学園祭はどうでしたか。

B：とてもよかったです。写真展も立派でしたし、のど自慢もすばらしかったです。それに花火大会はとてもきれいでした。

A：ものまね大会はどうでしたか。

B：あまりおもしろくありませんした。衣装がきれいではありませんでした。

(정답) ②

うみへ いきました 11

I

質問1 森田さんは デパートへ 誰と 行きましたか。

(정답) ともだちと　行きました。

質問2 デパートで 何を 買いましたか。

(정답) カメラを かいました。

II

質問1 いえで 洗濯をしたのは 誰ですか。

① せんせい ② キムさん ③ ともだち ④ なかむらさん

(정답) ④

質問2 なぜ 洗濯物が よく かわきましたか。

(정답) 昨日の てんきが よかったからです。

III

質問1 キムさんは どんな 問題が いちばん 難しいと 思いましたか。

(정답) かんじの よみかき。

質問2 森田さんは 何が 残念だと 言いましたか。

(정답) テストの　べんきょうを　すごく　がんばったのに　ひらがなを　かんじに かえる もんだいが まったく だめだった こと

문형연습

1. (1) テーブルの うえに はなが ありました。
   (2) へやの なかに インコがいました。
   (3) すずきさんは がっこうへ いきました。
   (4) いのうえさんは ごはんを たべました。
   (5) わたしは ノートを かいました。

2. (1) いいえ、なにも よみませんでした。
   (2) いいえ、だれも いませんでした。
   (3) いいえ、どこへも いきませんでした。
   (4) いいえ、なにも たべませんでした。
   (5) いいえ、なにも かいませんでした。

3. (1) きのうは へやで そうじを しました。
   (2) にちようびは いえで テレビを みました。
   (3) きのうは ほんやで ほんを かいました。
   (4) おとといの よるは カラオケで うたを うたいました。
   (5) せんしゅうは サークルで がくえんさいの じゅんびを しました。

4. (1) おいしいものを たくさん たべましたので きもちが よかったです。
   (2) テストの てんすうが あがりましたので きもちが よかったです。
   (3) プレゼントを たくさん もらいましたので きもちがよかったです。
   (4) ともだちが おおぜい ましたので きもちが よかったです。
   (5) ひさしぶりに やまに のぼましたので きもちが よかったです。

응용연습

✿ 받아쓰기 연습

イ	森田さん、カメラ かいましたか 。
森田	ええ、こんどの 学園祭(がくえんさい)で ひつようだった から かいました 。
イ	たかかったですか 。
森田	いいえ、それほどでも たかくなかったです 。

✿ 청취 문제 연습

女 ： 今日はひさしぶりに母とデパートへ行きました。
ちょうどセールだったので、デパートの中は大勢の人でにぎわいました。
私は服を買いました。そして母はハンドバッグを買いました。
お腹がすきましたので二人でうどんを食べました。
帰りにスーパーにより、パンと牛乳を買いました。

(정답) ③

えきで あいましょう 12

Ⅰ

質問1 二人は あした 何時に 会いますか。

① 十二時 ② 十二時半 ③ 一時半 ④ 二時

(정답) ②

質問2 ふたりは 映画を 見る 前に 何をする 予定ですか。

① ひるごはんを たべます。 ② ひるごはんを おごります。

④ おことばに あまえます ④ ようじが あります

(정답) ①

Ⅱ

質問1 中山さんは ラストの シーンで なぜ 涙が 出ましたか。

(정답) 感動したからです。

質問2 コーヒーショップの 説明で 本文の 内容と 合っていないのは どれですか。

① 映画館から 近い。② 静かだ。③ 雰囲気が いい。

④ 大きい ビルの 前に ある。

(정답) ④

문형연습

1. (1) デパートへ いきましょう。
   (2) 山に のぼりましょう。
   (3) テニスを しましょう。
   (4) プールで およぎましょう。
   (5) ごはんを たべましょう。

2. (1) ごぜん じゅうじは どうですか。
   (2) らいしゅうは どうですか。
   (3) ろくじ はん ごろは どうですか。
   (4) いまから にじかんごは どうですか。
   (5) ごご さんじ にじゅっぷんは どうですか。

3. (1) この へやは ひろくて うつくしいです。
   (2) この にんぎょうは ちいさくて かわいいです。
   (3) このテーブルは ちいさくて たかいです。
   (4) にほんごは やさしくて おもしろいです。
   (5) やまださんは せが たかくて からだが おおきいです。

4. (1) たなかさんは じょうぶで げんきです。
   (2) あの えきは べんりで しずかはです。
   (3) じすいは たいへんで ふべんです。
   (4) うんどうは にがてで きらいです。
   (5) かれは ハンサムで しんせつです。

응용연습

✿ 받아쓰기 연습

イ	森田さん、きのう デパートへ いきましたか 。
森田	いいえ、いきませんでした 。
イ	あら、どうしてですか。
森田	じゅぎょうが おわるのが おそかった からです。
イ	そうでしたか。 じゃ、ごごにでも いっしょに いきましょうか 。
森田	ええ、そうしましょう 。

✿ 청취 문제 연습

女性：列車の 出発まで 1時間ぐらい 時間が ありますね。何を しましょうか。
男性：そうですね。ええと、あそこの コーヒーショップに 入りませんか。
女性：それも いいけど、本屋に寄りましょうよ。
男性：じゃ、その 前に あの 店で 飲み物でも 買いましょう。のどが 乾きましたから。
(정답) ③

なりたから ソウルまで りょうきんは いくらですか 13

I

質問1　大人 二人で 成田から ソウルまでの 普通料金は いくらですか。
① 五万円 ② 十万円 ③ 十五万円 ④ 二十万円
(정답) ②

質問2　普通より 安い チケットを 何と 言いますか。
(정답) かくやす チケット

II

質問1　中村さんは 何を 買いに 本屋へ 行きますか。
(정답) 小さくて べんりな かんこくごの じしょを 買いに 行きます。

質問2　本屋の 説明として 合わないものは どれですか。
① 近い ② 大きい ③ きれいだ ④ 便利だ
(정답) ④

III

質問　英語の 辞書は どこに ありますか。
(정답) 日本語の 辞書の となり

문형연습

1. (1) すみません、カメラとフィルムを ください。
   (2) すみません、りんごとバナナを ください。
   (3) すみません、ざっしと しんぶんを ください。
   (4) すみません、トマトと バナナを ください。
   (5) すみません、あかい バラと きいろい バラを ください。

2. (1) この ふくは かわいくて きれいです。
   (2) その ほんは あつくて りっぱです。
   (3) あの たてものは たかくて おおきいです。
   (4) この はこは おおきくて べんりです。
   (5) かのじょは やさしくて きれいです。

3. (1) それは いちまん ごせん きゅうひゃくえんです。
   (2) これは よんせん ごひゃくえんです。
   (3) あれは にせん にひゃくえんです。
   (4) あれは さんまん ろっぴゃくえんです。

4. (1) ソウルから プサンまでは KTXで いきます。
   (2) がっこうから いえまでは バスで かえります。
   (3) スーパーから いえまでは じてんしゃで はこびます。
   (4) 上から 下までは 5メートル あります。
   (5) 駅から 学校までは やく ごひゃく メートル あります。

5. (1) にほんの ざっしを かう つもりです。
   (2) アメリカの えいがを みる つもりです。
   (3) そばと てんぷらを たべる つもりです
   (4) がっこうへ いく みちを おしえる つもりです。
   (5) にほんの うたを うたう つもりです。

응용연습

✿ 받아쓰기 연습

(1) 一万札が 2枚と 千円札が 3枚 あります。全部で いくらですか。
(정답) 23,000 円です。

(2) 五千円札が 1枚と 千円札が 9枚 あります。全部で いくらですか。
(정답) 14,000 円です。

(3) 千円札が 5枚と 百円玉が 7個 あります。全部で いくらですか。
(정답) 5,700 円です。

(4) 一万札が 4枚と 千円札が 6枚、百円玉が 8個 あります。全部で いくらですか。
(정답) 46,800 円です。

✿ 청취 문제 연습

(1) A：あのう、すみません。忘れ物の中に傘はありませんでしたか。
B：どんな傘ですか。
A：色は黒くて、りんごの模様のある傘ですが。
B：あ、りんごの色が白いものですか。それならありますよ。
(정답) ②

(2) 男：どうもみつからないなあ。
女：何がですか。
男：きのう 学校の帰りにコンサートのチケットを買いましたが、どこにあるのか分かりません。
女：もしかして、これですか。
男：それ、それですよ。どこにありましたか。
女：テーブルの上にありましたよ。
(정답) ①

ひが ながく なりましたね 14

I

質問1　キムさんは どうして 秋が好きですか。

(정답) あき、秋は お天気も すずしく なるし、なんとなく こころも ゆたかに なるから。

質問2　森田さんが 夏が好きな 理由ではないのは どれですか。

① おいしい くだものが たくさん 出るから

② 他の 季節に 比べて ぜいたくな 気が するから

③ 他の 季節に 比べて あついから

(정답) ③

II

質問1　たかし君は 生まれたとき 体が どうでしたか。

① たくましかった ② 大きかった ③ 小さかった ④ 太かった

(정답) ③

質問2　Aさんと Bさんは なぜ たかし君が 元気になったと 思いますか。

① すごく 心配したから　② 愛の力が あったから

③ 泣き声が 大きくなったから ④ 顔色が 良くなったから

(정답) ②

문형연습

1. (1) へやは くらく なります。
   (2) きょうしつの なかは しずかに なります。
   (3) あたりは すずしく なります。
   (4) にほんごは じょうずに なります。
   (5) きおんは あたたかく なります。
   (6) まわりは きれいに なります。

2. (1) そらが あおくなりました。
   (2) へやが きれいになりました。
   (3) せが たかくなりました。
   (4) もう およぎの きせつになりました。
   (5) こえが よくなりました。
   (6) いえが りっぱになりました。

3 (1) 髪が みじかくなりました。
   (2) 発音(はつおん)がよくなりました。
   (3) 部屋がくらくなりました。
   (4) コーヒーが あまくなりました。
   (5) 顔(かお)が あかくなりました。

4. (1) へいじつに くらべると しゅうまつは ひとが おおいです。
   (2) にほんごに くらべると えいごは むずかしいです。
   (3) かんこくに くらべると にほんは ぶっかが たかいです。
   (4) ほかの だいがくに くらべると うちの がっこうは まじめな がくせいが おおいです。
   (5) あの みせに くらべると この みせは おいしいです。

응용연습

✿ 받아쓰기 연습

わたしは バスケット ボールが すきです。

毎朝(まいあさ)、ともだちと れんしゅうします 。

練習(れんしゅう)の 後(あと)は からだが あつくなります 。

はじめは あまり じょうずではありません でした。

でも、いまは すこし じょうずになりました 。

ゲームで シュートが はいる ときは とても うれしいです。

じかんが ある ときは、よる くらくなる まで 練習(れんしゅう)します。

バスケットは ほんとうに おもしろいです。

✿ 청취 문제 연습

A：この 辺も ずいぶん かわりましたね。

B：ええ、店も ずいぶん 多くなりました。

A：駅の 回りは 特に にぎやかに なりましたよ。

B：大きな スーパーも できましたから、便利に なりましたね。

A：でも、子供たちが 遊ぶ 場所は 少なくなりました。

B：町は どんどん かわるんですね。

① この 町(まち)の 店(みせ)は すくなく なった。　(정답) ×

② 町(まち)の 周辺(しゅうへん)は にぎやかに なった。　(정답) ○

③ こどもが すくなく なった。　(정답) ×

④ この 町(まち)は 生活(せいかつ)が 便利(べんり)に なった。　(정답) ○

なつやすみの けいかく 15

Ⅰ

質問1　どうして イさんは 授業が おもしろくなりましたか。

① ともだちを たくさん つくったから

② にほんご なんて ぜんぜん わからなかったから

③ みじかい ないようは いみが わかるように なったから

④ すこしは 大学の 生活に なれたから

(정답) ③ みじかい ないようは いみが わかるように なったから

質問2　イさんは 授業が おもしろくなるまで どうましたか。

① 寝ました ② 心配しました ③ 教えました ④ がんばりました

(정답) ④ がんばりました

Ⅱ

質問1　二人は暑いとき、どうすればたのしいいと思っていますか。

(정답) 海で およぐのが いちばん たのしい。

質問2　キムさんは 去年もキャンプに行きましたか。

(정답) いいえ、行きませんでした。

質問3　森田さんは 夏を どう 過ごす予定ですか。

(정답) 日本に帰って、温泉にでも行き、ゆっくり ゆに つかる 予定です。

문형연습

1. (1) がっこうへ いった。
   (2) えんぴつを とった。
   (3) ともだちが きた。
   (4) えいがを みた。
   (5) はなしを した。

2. (1) それが、かかなかったんです。
   (2) それが、みなかったんです。
   (3) それが、こなかったんです。
   (4) それが、おしえなかったんです。
   (5) それが、よまなかったんです。

3. (1) ほんをよみ、かんそうぶんをかくつもりです。
   (2) すうがくをおしえ、えいごをならうつもりです。
   (3) おかねをはらい、カメラをかうつもりです。
   (4) ケーキをたべ、コーヒーをのむつもりです。
   (5) いえにけり、テレビをみるつもりです。

4. (1) はじめは にほんごが むずかしかったんですが、いまは おもしろく なりました。
   (2) きのうは すずしかったんですが、きょうは あつくなりました。
   (3) せんしゅうは いそがしかったんですが、こんしゅうは ひまに なりました。
   (4) こともの ころは からだが よわかったんですが、いまは げんきに なりました。
   (5) さいしょは やさしかったんですが、いまは むずかしくなりました。

응용연습

✿ 받아쓰기 연습

A　いいかばんですね。
B　あ、これですか。この あいだ、デパートで かったんです 。
A　デパートで。たかかったんじゃないですか。
B　いえ、セールだった ので、おもったより 安かったですよ。
A　それは よかったです ね。

✿ 청취 문제 연습

男：昨日は大失敗でした。
女：え、どうしたんですか。
男：友達に会いに行ったんですが、バスが全然来ないんですよ。
女：それで、どうしたんですか。
男：仕方なくタクシーで行ったんですけど。
女：待ち合わせの時間には間に合ったんですか。
男：いやー、それが、約束は明日だったんです。

(1) 男の人は何にのって行きましたか。
(정답) ③
(2) 男の人は何をしに行きましたか。
① 友達に会いに ② 約束をしに ③ 失敗をしに
(정답) ①
(3) 待ち合わせは本当はいつでしたか。
① きのう ② きょう ③ あした
(정답) ③

やさいを いれて にます　16

I

質問１　「肉じゃが」の説明として正しくないものはどれですか。
① 日本の家庭料理　② 野菜の煮物
③ 肉とじゃがいもが入っている　④ 作り方がむずかしい
(정답) ④

質問２　にくじゃがの作り方を順番にならべましょう。
(정답) ③-①-②-④

II

質問1　ブルゴギと似ている日本の食べ物は何ですか。
(정답) やきにく

質問2　焼き肉の食べ方として間違っているものはどれですか。
① 焼く前に味をつけない。
② たれをつけて食べる。
③ 野菜を巻いて食べる。
④ ピーマンや玉ねぎなどと一緒に焼いて食べる。
(정답) ④

문형연습

1. (1) 家に 帰って ごはんを 食べます。
(2) スポーツセンターに 行って 運動します。

(3) 友達に 会って 映画を 見に 行きます。

(4) 朝 起きて 顔を あらって ご飯を 食べます。

(5) 8時に 家を 出て バスに 乗って 学校に 行って 勉強うします。

2. (1) パソコンの 使い方を 教えて ください。

(2) 国際電話の かけかたを 教えて ください。

(3) この料理の 作り方を 教えて ください。

(4) 市内バスの 乗り方を 教えて ください。

(5) 手紙の 書き方を 教えて ください。

3. (1) この ペンは 書きやすいですが、あの ペンは 書きにくいです。

(2) この 辞書は 使いやすいですが、あの 辞書は 使いにくいです。

(3) この 時計は 見やすいですが あの 時計は 見にくいです。

(4) 地下鉄は 乗りやすいですが バスは 乗りにくいです。

(5) コーヒーは 飲みやすいですが、サイダーは 飲みにくいです。

4. (1) 5時から 勉強しはじめました。

(2) 雨が 降りはじめました。

(3) 広場に 人が あつまりはじめました。

(4) 彼が ギターを ひきはじめました。

(5) 2学期から 塾に かよいはじめました。

응용연습

✿ 받아쓰기 연습

男性	あ、雨が降りはじめましたよ。イさん、 かさ ありますか。
女性	いいえ。森田さんは？
男性	私も持ってこなかった んです。こまったなあ。
女性	じゃ、どこかで コーヒーでも のんで、雨が あがるまで まちましょう。
男性	そうしましょう。

あたらしい けいたいでんわ 17

I

質問 1　中村さんは何を持っていますか。
(정답) あたらしいけいたいでんわ

質問 2　次の中で本文の内容と合っていないものはどれですか。
① 携帯電話で世界のニュースを見ることができる。
② キムさんに携帯電話の使い方を教えている。
③ 中村さんは携帯電話でメールをおくっている。
(정답) ②

II

質問 1　森田さんのおじさんは何をすることができますか。
(정답) ギターを ひく ことが できます。

質問 2　森田さんのおじさんは何をしていますか。
① 話している　② 笑っている
③ ビールを飲んでいる　④ 子供を抱いている
(정답) ③

質問 3　森田さんはだれと似ていますか。
① おばあさん　② おばさん
③ お母さん　④ お父さん
(정답) ②

문형연습

1. (1) 先生は本を読んでいます。
   (2) 山本さんは黒い服を着ています。
   (3) 金さんは眼鏡をかけています。
   (4) 兄は大学に通っています。
   (5) 私は日本語を勉強しています。

2. (1) けいたいでんわだけでなく時計も 買いました。
   (2) CDだけでなくパソコンも 買いました。
   (3) 財布だけでなくかばんも 買いました。
   (4) カードだけでなくはがきも 買いました。
   (5) 誕生日のプレゼントだけでなく本も 買いました。

3. (1) 私は テニスを する ことが できます。
   (2) 私は ピアノを 弾く ことが できます。
   (3) 私の 先輩は 日本語の 歌を 歌う ことが できます。
   (4) アンさんは 日本語で Eメールを 送る ことが できます。
   (5) 私は 500メートル 泳ぐ ことが できます。

4. (1) 地下鉄の出口がわかりますか。
   (2) ファイルの送り方がわかりますか。
   (3) この言葉の意味がわかりますか。
   (4) 最終電車の時間がわかりますか。
   (5) あの人の名前がわかりますか。

응용연습

✿ 청취 문제 연습

1. 男：田中先生ってどの人ですか。
 女：背が高くて帽子をかぶっている人です。
 男：この人ですか。
 女：いいえ、眼鏡をかけていない方。

質問　鈴木先生はどの人ですか。
(정답) ②

2. 男：僕は日本語課の一年生です。趣味はスポーツです。サッカーとバスケットができます。でも泳ぐことはあまりできません。料理を作ることが好きで、トッポッキや、日本の肉じゃがも作ることができます。日本語は少し話すことができます。書くことはできますが、ワープロはまだできません。子供の頃から歌が好きで、日本の歌も歌うことができます。日本語は難しいですが、いつか日本に留学できるように頑張りたいです。
(정답) ○, ×, ○, ○, ○

シートベルトを おしめください 18

I

質問　本文の内容と合っているものを選びましょう。

① この飛行機は（a. インチョン発です。 b. 東京発です。）

② この飛行機は（a. もうすぐ到着します。b. もうすぐ出発します。）

③ 携帯電話の電源は（a 切ります。b. 切りません。）

④ シートベルトは（a. しめます。b. しめません。）

⑤ 機内で煙草を（a. 吸います。b. 吸いません。）

⑥ 到着まで（a. 2時間です。b. 一時間半です。）

(정답) ① b ② b ③ a ④ a ⑤ b ⑥ a

II

質問1　写真に入るものとして合っていないものはどれですか。

① たてもの ② イさん ③ 木 ④ チーズ

(정답) ④

質問2　写真は何枚とりましたか。

(정답) 二枚

문형연습

1. (1) 受付で 聞いて ください。
   (2) 窓を しめて ください。
   (3) 早く 来て ください。
   (4) ゆっくり 運転して ください。
   (5) もう 一度 言って ください。

2. (1) 受付で お聞きください。
   (2) 来週中に お返しください。
   (3) タクシーに お乗りください。
   (4) 少し お待ちください。
   (5) どうぞ お入りください。

3. (1) 休まずに 勉強しました。
   (2) 傘を 持たずに 外に でました。
   (3) 先生に 会わずに そのまま 帰りました。
   (4) 間違えずに 質問に 答えました。
   (5) 値段を 見ずに 買いました。

4. (1) 辛い ものは お好きですか。
   (2) 日本語が お上手ですね。
   (3) 明日は お暇ですか。
   (4) お仕事は 何ですか。
   (5) お名前を 教えて ください。

응용연습

✿ 받아쓰기 연습

はい、みなさん、静かにしてください。

今日は 17課ですよ。

テキストの 83ページを ひらいて ください 。

あれ、キムさん、テキストを わすれたんですか。こまりましたね。つぎは ちゃんと 持ってきてくださいね。

今日は しかたないから となりの 人と 一緒に 勉強して ください 。

じゃあ、まず ほんぶんを いっかい よみますから、よく 聞いて ください 。わからない たんごは チェックして ください ね。

✿ 청취 문제 연습

女：いらっしゃいませ。
男：チーズバーガーと コーヒーください。
女：チーズバーガーと コーラと ポテトの セットメニューが ございますが。
男：セットで いくらですか。
女：360円です。
男：そうですか。じゃあ それにします。
女：チーズバーガーセット お一つですね。こちらで お召し上がりですか、お持ち帰りですか。
男：持ち帰りで お願いします。
女：はい、かしこまりました。少々 お待ちください。

質問　内容とあっているものを選んでください。
(정답) ④

おにもつを おあずかりします 19

I

質問1 店の人は荷物をどうしましたか。

① あずけました ② あずかりました ③ 案内しました

(정답) ②

質問2 この会話の中で「すぐにお持ちします」とはどういう意味ですか。

① すぐに持ちます ② すぐに待ちます

③ すぐに持ってきます ④ すぐに見ます

(정답) ③

II

質問 次のうち内容に合っているものに○、間違っているものに×をつけてください。

① 先生は少し前に帰った。(×)

② 男の人は明日もう一度来る。(×)

③ 男の人は後でもう一度来る。(○)

④ 先生は30分後に家に帰る。(×)

⑤ 女の人は後で先生に男の人が来たことを伝える。(○)

문형연습

1. (1) 先生は 教室に お入りになります。

(2) 先生は 5時に お帰りになります。

(3) 毎日　新聞を　お読みになりますか。
(4) 昨日　先生は　講義を　お休みになりました。

2. (1) 写真を　お撮りします。
(2) わたしが　駅まで　お送りします。
(3) 来週中に　お届けします。
(4) 後で　電話で　ご連絡します。

3. (1) 今日は　約束が　おありですか。
(2) の　意味が　おわかりですか。
(3) パスポートは　お持ちですか。
(4) なにか　おこまりですか。

4. (1) 先生が　写真を　お撮りになりました。
わたしが　写真を　お撮りしました。
(2) 先生が　お呼びになりました。
わたしが　お呼びしました。
(3) 先生が　お書きになりました。
わたしが　お書きしました。
(4) 先生が　電話を　おかけになりました。
わたしが　電話を　おかけしました。

응용연습

✿ 청취 문제 연습

(1) 先生が荷物をお持ちになります。(③)
(2) 先生が写真をおとりになります。(②)
(3) 私がしゃしんをおとりします。(④)
(4) 先生がタクシーにお乗りになります。(①)

いま テレビを みて いる ところ 20

I

質問1　キムさんが電話をした時、中村さんは何をしていましたか。

① レポートを書いていた　② 野球をしていた　③ テレビを見ていた

(정답) ③

質問2　今日は何曜日ですか。

① 月曜日 ② 金曜日 ③ 土曜日

(정답) ③

質問3　内容と合っているものを一つ選んでください。

① 野球の試合はもう終わった。

② キムさんは野球を見に行ってきたところだ。

③ 中村さんはレポートを書きおわった。

④ キムさんはまだ資料をさがしていない。

(정답) ④

II

質問　内容と合っているものを選んでください。

① ドアには鍵が (a. かかっている)。

② 電気は (b. ついている)。

③ 窓は (a. 開いている)。

④ 自転車は (a. 置いてある)。

문형연습

1. (1) 本が 出して ある。
   (2) 電気が つけて ある。
   (3) 名前が 書いて ある。
   (4) ご飯が 作って ある。
   (5) 冷蔵庫に ビールが 入れて ある。

2. (1) 大きな 月が でている。
   (2) 人が あつまって いる。
   (3) 鍵が かかって いる。
   (4) 電気が ついて いる。
   (5) 眼鏡を かけて いる。

3. (1) 来年、日本に いくかも しれない。
   (2) あの 二人は 結婚するかも しれない。
   (3) 明日は 家に いないかも しれない。
   (4) 中村さんは お酒を のまないかも しれない。
   (5) 田中先生は 韓国語が 上手かも しれない。

응용연습

✿ 청취 문제 연습

1. 例) 今からスタートするところです。
   こたえはeです。

(1) 今ゴールインしたところです。(a)
(2) 他の選手を追い越しているところです。(c)

(3) 他の選手を追い越したところです。(d)

(4) もうすぐゴールインするところです。(b)

2. 中村 : あー、キムさん。すみません、遅くなってしまって。
キム : いいですよ、私も今来たところだから。
中村 : 列車の出発は何時ですか。
キム : ちょうど今改札が始まったところですから、まだ大丈夫ですよ。
中村 : 切符はどこで買うんですか？
キム : もう買ってありますよ。

質問 1 列車のきっぷはどうしましたか。
① 中村さんが来てから買いました。
② 中村さんが買いました。
③ 中村さんが来る前に買いました。
(정답) ③

質問 2 中村さんが来たとき改札は？
① もう始まっていました。
② まだ始まっていませんでした。
③ もう終わっていました。
(정답) ①

3. 女 : 木村さん、今何時ですか。時計を見せてください。
男 : ああ、その時計は遅刻しないように10分進めてあるんですよ。
女 : そうですか、じゃあ、12時30分ですね。

質問 木村さんの時計はどれですか。
(정답) ②

たんじょうび おめでとう 21

Ⅰ

質問1 中村さんはどうしてミントという店に行きたいのですか。

① 料理がおいしいから。

② 前に一度行ったことがあるから。

③ どんな店か知りたいから。

(정답) ③

質問2 内容と合っているものを選んでください。

① 中村さんは食べたいものは特にない。

② イさんはミントという店に行ったことがある。

③ ミントは最近駅前にできた本屋である。

(정답) ①

Ⅱ

質問1 ネックレスは誰がくれましたか。

① イさんのお母さん ② 森田さんのお母さん ③ イさんのお父さん

(정답) ①

質問2 森田さんはどんなものが欲しかったと言っていますか。

① もう少し地味なネックレス ② もう少し地味なネクタイ

③ もう少し地味なシャツ

(정답) ③

質問3 イさんは誰に何をプレゼントしたことがあると言っていますか。

① 友達に ② お父さんに ③ 森田さんに

a ネックレス b シャツ c ネクタイ

(정답) ②, c

문형연습

1. (1) さしみを 食べた ことが あります。
   (2) 車を 運転した ことが あります。
   (3) 日本人に 道を 教えた ことがあります。
   (4) 映画を 見て 泣いた ことが あります。

2. (1) 見ない ことも あります。
   (2) 食べる ことも あります。
   (3) 飲む ことも あります。
   (4) 作る ことも あります。

3. (1) わたしは日本のドラマが見たいです。
   (2) わたしはおいしいスパゲティが食べたいです。
   (3) わたしは 海外旅行が したいです。
   (4) わたしは 日本語が 上手に なりたいです。

4. (1) 彼は パソコンを 買いたがって います。
   (2) 兄は 仕事を やめたがって います。
   (3) 姉は おいしい ケーキを 食べたがって います。
   (4) 父は ゴルフに 行きたがって います。

5. (1) この 時計は 母(はは)に もらいました。
   (2) この 絵(え)は ともだちに もらいました。
   (3) この お金は 父に もらいました。
   (4) この 辞書(じしょ)は 先輩(せんぱい)に もらいました。

응용연습

✿ 받아쓰기 연습

森田	イさんは スキーを したことがありますか。
イ	いいえ、いちども ありません。
森田	じゃあ、ことしの 冬、いっしょに スキーに いきませんか。
イ	わー、ぜひ 行きたいです。でも、けがを する ことも あるんでしょう。
森田	だいじょうぶですよ。でも、はやく じょうずに なりたい ひとは こうしゅうを うける ほうが いいですよ。
イ	森田さんも うけた ことが ありますか。
森田	はい。インストラクターの 人が しんせつに ゆっくり おしえてくれたので、すぐ じょうずに なりましたよ。

✿ 청취 문제 연습

① イさんは スキーを した ことが ない。(○)
② 森田さんは こうしゅうを うけた ことが ある。(○)
③ こうしゅうは じょうずな ひとが うける。(×)
④ イさんは スキーで けがを した ことが ある。(×)

しんぱいなら でんわして みたら 22

I

質問1 森田さんはどうして元気がありませんか。

① 怒っているから ② 金さんとケンカしたから ③ 心配だから

(정답) ②

質問2 どうすればいいと言っていますか。内容と合っているものを選んでください。

① 会えばいい ② 電話をかけなければいい

③ きにしなければいい ④ あやまればいい

(정답) ④

II

質問1 イさんは何が苦手ですか。

① 努力すること ② 聞き取り ③ 日本語

(정답) ②

質問2 どうすれば上手になると言っていますか。

① なせばなる ② 本を読めば上手になる ③ 何度もテープを聞く

(정답) ③

質問3 「なせばなる」とはどういう意味ですか。

① テストを受ければいい ② テープを聞けば上手になる

③ やればできる

(정답) ③

문형연습

1. (1) っすぐ 行くと 駅が 見えます。
   (2) 兄と ケンカすると わたしが 負けます。
   (3) 風邪を ひくと 熱が 出ます。
   (4) 急に 運動すると 疲れます。
   (5) 100点を とると 気分が いいです。

2. (1) まわからない ことが あったら 質問して ください。
   (2) 弁当を 食べたら ゴミは 持って 帰って ください。
   (3) 名前を 書いたら 前に 出して ください。
   (4) テストが 終わったら 遊びに 来て ください。
   (5) 先輩に あったら よろしく 伝えて ください。

3. (1) 服を 買うなら 東大門が 安いですよ。
   (2) シンチョンに 行くなら バスが 便利ですよ。
   (3) 日本語を 勉強するなら 日本の ドラマを 見ると いいですよ。
   (4) すしを 食べるなら この 店が おいしいですよ。
   (5) 運動するなら 水泳が 楽しいですよ。

4. (1) 見れば わかります。
   (2) 郵便で 送れば いいです。
   (3) この 薬を 飲めば なおります。
   (4) 時間が あれば 映画を 見に 行きたいです。
   (5) この ボタンを 押せば 切符が でます。

응용연습

✿ 청취 문제 연습

(1) 男 : どんな　かばんが　買いたいですか。
女 : 大きい　のは　高いので、小さくても　いいです。
男 : 安かったら　大きい　のを　買いますか。
女 : ええ、大きい　かばんで、一万円以下なら　買いたいです。

質問　女の人が　欲しいのは　どんな　かばんですか。
(정답) ②

(2) 今週の　日曜日は　旅行に　行きます。8時に　学校に　集まって　ください。もし　雨が　降ったら、その　日は　授業を　して、月曜日に　旅行に　行きます。月曜日に　旅行を　したら　火曜日は　お休みです。

質問　雨が降ったらどうしますか。
① 雨が降ったら学校は休みです。
② 雨が降っても旅行に行きます。
③ 雨が降ったら月曜日の授業をします。
④ 雨が降ったら火曜日の授業をします。
(정답) ③

みちあんない 23

I

質問　次の中で、会話の内容とあっているのはどれですか。

① 朝日銀行の前に交差点がある。

② この道を左に行くと朝日銀行がある。

③ 交差点の手前に朝日銀行がある。

(정답) ①

II

質問1　男の人はどこから美術館に行きますか。

① 郵便局 ② バス停 ③ 横田駅前

(정답) ③

質問2　休館日はいつですか。

① 第一日曜日 ② 毎週月曜日 ③ 第一、第三月曜日

(정답) ③

質問3　内容と合っているものに○、合っていないものに×をつけてください。

① 駅前の道を真っ直ぐ行くと美術館の看板が見える。(×)

② 郵便局で右に曲がると美術館が見える。(×)

③ 右に曲がって5分歩くと看板がある。(○)

④ 明日は日曜日だ。(×)

문형연습

1. (1) すみません、東京駅へは どう 行けば いいでしょうか。
   (2) すみません、ろくばん 出口へは どう 行けば いいでしょうか。
   (3) すみません、韓国大使館 どう 行けば いいでしょうか。
   (4) すみません、ここから いちばん 近い 地下鉄駅 どう 行けば いいでしょうか。
   (5) すみません、空港行きのバスのりば どう 行けば いいでしょうか。

2. (1) 郵便局の となりですね。
   (2) 38番の バスですね。
   (3) まっすぐ 行って 右ですね。
   (4) 学校の となりですね。
   (5) 川を わたって 左ですね。

3. (1) 右に まがると 本屋が あります。
   (2) 交差点を 渡ると 大きな 建物が あります。
   (3) ふみきりを 渡ると 病院が あります。
   (4) つきあたると 図書館が あります。
   (5) 橋を 渡ると 銀行の 隣に デパートが あります。

4. (1) パン屋は 本屋の むかいです。
   (2) パン屋は 花屋の ななめ前です。
   (3) 本屋の 右は 薬屋です。
   (4) パン屋の 左は 文具店です。
   (5) 文具店の 右は パン屋です。

응용연습

✿ 청취 문제 연습

(1) 駅前の交差点を渡った右側の建物はなんですか。

(정답) 映画館

(2) 薬局のとなりになにがありますか。

(정답) 病院

(3) 駅前の交差点を渡ってまっすぐ行ったつきあたりに何がありますか。

(정답) 学校

(4) 駅からまっすぐ歩いて二つ目の交差点を左に曲がると右側になにがありますか。

(정답) 公園

(5) 病院の向うになにがありますか。

(정답) 学校

みぎに まがっても いいんです 24

I

質問　内容と合っているものには○、あわないものには×をつけてください。

① 日本では車は左側を走らなければならない。　(정답) ○

② 日本では赤信号で右に曲がってもいい。　(정답) ×

③ 韓国では中村さんはドライブをする。　(정답) ×

④ 右に曲がらない車は左側に寄らなければならない。　(정답) ○

II

質問　テープを聞いて、韓国のことにはK、日本のことにはNをつけてください。

① おかずは全部タダで、自由におかわりできる。　(정답) K

② 食器を持って食べる。　(정답) N

③ グラスのお酒を全部飲む前に注ぎ足してもいい。　(정답) N

문형연습

1. (1) ここに 荷物を 置いても いいですか。
   (2) トイレに 行っても いいですか。
   (3) レポートを 来週 だしても いいですか。
   (4) 少し休んでもいいですか。
   (5) ひらがなで 書いても いいですか。

2. (1) 美術館で 写真を 撮っては いけません。
(2) 来週 レポートを 出しても いいです。
(3) お酒を 飲んで 車を 運転しては いけません。
(4) 少し 早く 帰っても いいです。
(5) テストの とき 辞書を 使っては いけません。

3. (1) はい、毎日 日記を つけなければ なりません。
(2) はい、晩ごはんを 作らなければ なりません。
(3) いいえ、弟を 迎えに 行かなくても いいです。
(4) いいえ、明日は 朝 早く 起きなくても いいです。
(5) はい、毎日 薬を 飲まなければ なりません。

4. (1) 笑ったり 泣いたり します。
(2) 本を 読んだり 音楽を 聞いたり します。
(3) 電話を かけたり メールを 送ったり します。
(4) 雨が 降ったり やんだりします。
(5) そうじを したり かいものに 行ったり します。

응용연습

✿ 청취 문제 연습

(1) 患者(女)：先生、お風呂に入りたいんですけど、入ってもいいですか。
医者(男)：熱があったら入ってはいけません。熱がなかったら入ってもいいですよ。
熱があってもなくても、今日は早く寝た方がいいですね。

質問　女の人は風邪をひいています。熱はありませんが、どうしますか。
① おふろに はいって おそく ねます。
② おふろに はいれないから、はやく ねます。
③ おふろに はいって、はやく ねます。

④ おふろに はいらないで、おそく ねます。

(정답) ③

(2) 地震がおきたら、すぐ火を消さなければいけません。ドアを開けることも忘れないでください。
すぐに外に出るのは危険です。まず、机やベッドの下に入りましょう。

質問 地震の 時は 何を しては いけませんか。

① 火を 消すこと。 ② ドアを 開けること。

③ 外に 出ること。 ④ つくえの 下に 入る こと。

(정답) ③

やさしそうな ひとですね 25

I

質問1　キムさんが聞いたプサンの天気はどんな天気ですか。

① 晴れるかも しれない ② 台風がくるかもしれない

③ プサンに行くかもしれない

(정답) ②

質問2　キムさんの お姉さんは どんな 人ですか。

① やさしい人 ② やさしいそうな 人 ③ やさしそうな 人

(정답) ③

II

質問1　新型はどんなプレーヤーですか。

① 大きい　② 機能が多くて不便そう

③ 音がよさそう　④ 機能が多くて便利そう

(정답) ④

質問2　どうして古い方を選びましたか。

① 機能が 多そうだから　② かっこ いいから

③ 使いやすそうだから　④ 安いから

⑤ 音が よさそうだから

(정답) ③, ④, ⑤

문형연습

1. (1) 母が セーターを 作って くれました。
   (2) ともだちが CDを 買って くれました。
   (3) しらない 人が にもつを はこんで くれました。
   (4) 日本の ともだちが 手紙を 送って くれました。

2. (1) あしたは さむく なりそうです。
   (2) 一人で できそうです。
   (3) コップが おちそうです。
   (4) 風邪を ひきそうです。

3. (1) 木村さんは 頭が いたいそうです。
   (2) 鈴木さんは この 映画は きらいだそうです。
   (3) 山本さんは 来週 日本に 行くそうです。
   (4) 森さんは 昨日 誰にも 会わなかったそうです。

4. (1) もうすこし、がんばろうと 思って います。
   (2) 朝、早く 起きようと 思って います。
   (3) スピーチ コンテストに 出ようと 思います。
   (4) ギターを 習おう と思って います。

응용연습

✿ 받아쓰기 연습

男	あれが ライオンの あかちゃんですか。
女	ねこの こどもみたいですね。でも てあしが 大きくて ちからが つよそう です。
男	せんげつ うまれたそうですよ。

女	おなかが すいて いるみたいですね。 ミルクを おいしそうに のんで います。
男	もう いっぴきは おなか いっぱいみたいですね。ねむそうに あくびしてる。
女	ちょっと こわい けど、ねて いる ところは やっぱり かわいいですね。

✿ **청취 문제 연습**

(1) 子供 ： 今日はお母さんの誕生日だから、私たちがご飯をつくるね。お母さんは座っていて。

母親 ： そう？ じゃ、お願いしようかな。

質問　子供は これから どう しますか。

① 子供はお母さんに料理を作ってあげます。

② 子供はお母さんに料理をつくらせます。

③ 子供はお母さんに料理を作ってくれます。

④ 子供はお母さんに料理をつくってもらいます。

(정답) ①

(2) 例) 彼は留学試験に合格したそうです。こたえはAです。

① 明日はかなり寒くなるそうです。

(정답) A

② フランス語ですか、難しそうですね。

(정답) B

③ 山田さんは明日は来られないそうです。

(정답) A

④ 水泳は体によさそうだから、私も始めてみようかなあ。

(정답) B

えいごを ならわせて います 26

I

質問1 藤井さんの子供は何を習っていますか。
① ピアノ ② 水泳 ③ 塾 ④ スポーツ
(정답) ②

質問2 佐藤さんの子供は今は何をしていますか。
① 英語を習っている ② スポーツを習っている
③ 塾に行っている ④ 何もしていない
(정답) ④

質問3 佐藤さんの子供は夏休みに何をしましたか。
① 英語 ② 水泳 ③ 塾に行くこと
(정답) ③

質問4 藤井さんはなぜ効果がないと言っていますか。
① 続けて行かせないから ② 夏休みだけだから
③ 子供が嫌がっているから
(정답) ③

II

質問 本文の内容と合わないのはどれですか。
① 荷物はサークルの後輩たちがはこぶ。
② 先輩の弟は運転ができる。
③ 先輩は後輩に新しい部屋へ招待した。
④ 後輩は広くて日あたりのいい、新しい部屋がうらやましい。
(정답) ④

문형연습

1. (1) お母さんは 子供に 掃除を させます。
   (2) 先輩は 後輩に 荷物を 運ばせます。
   (3) お兄さんは 弟に 本を 持って こさせます。
   (4) 先生は 学生に ノートを 出させます。
   (5) 友達は 私に お金を 払わせます。

2. (1) 来週は 休ませて ください。
   (2) トイレに 行かせて ください。
   (3) ここで 少し 待たせて ください。
   (4) ぜひ やらせて ください。
   (5) 私の 友達を 紹介させて ください。

3. (1) 先輩は 後輩に お金を 払わせます。
   (2) 課長は 田中さんに 書類を 持って 行かせます。
   (3) お母さんは タケシさんに 掃除を させます
   (4) お兄さんは 妹に 宿題を させます。
   (5) お父さんは ケイコさんに タオルを 持って こさせます。

4. (1) さむがっています。
   (2) ほしがっています。
   (3) かわいがっています。
   (4) 読みたがっています。
   (5) 行きたがっています。

응용연습

✿ 청취 문제 연습

(例) 先生、来週は病院に行くので授業を休ませてください。答えは④です。

(1) すみませんが、一枚撮らせてくれませんか。
(정답) ③

(2) 今日は私に払わせてください。
(정답) ②

(3) ちょっとここに置かせてもらってもいいですか。
(정답) ①

いぬに てを かまれました 27

I

質問1　次のうち、キムさんがしたことはどれですか。

① 犬をかんだ　② 犬の散歩をした

③ 犬を捨てた　④ 犬を病院に連れていった

(정답) ②

質問2　内容に合っているものを選んでください。

① キムさんは病院に行きたがった。

② キムさんは犬が嫌いだ。

③ 大家さんはキムさんを病院に連れていった。

④ キムさんは犬にかまれて大変な怪我をした。

(정답) ③

II

質問1　森田さんはなぜ食堂に行きましたか。

① お腹が空いたから　② 雨が降ったから

③ 体の調子が悪かったから　④ タクシーに乗れなかったから

(정답) ②

質問2　森田さんはなぜ元気がありませんか。

① バスケットがうまくできないから　② お腹が空いているから

③ 体調がよくないから　④ 雨が降っているから

(정답) ③

質問3　内容とあっているものはどれですか。

① タクシーが森田さんに水をかけた

② 食堂はあまり混んでいなかった

③ 森田さんは店のおばさんの足を踏んだ。

④ 店のおばさんは運が悪かった。
(정답) ①

문형연습

1. (1) 弟に ケーキを 食べられました。
   (2) 妹に 日記を 読まれました。
   (3) 兄に CDを 壊されました。
   (4) どろぼうに 財布を とられました。
   (5) 先生に 呼ばれました。

2. (1) この 本は 多くの 人に 読まれて います。
   (2) この 歌は 世界中の 人に 歌われて います。
   (3) この 人は 若い 人たちに 知られて います。
   (4) 箸は アジアの 国々で 使われて います。
   (5) この ソフトは いろいろな 会社で 使われて います。

3. (1) 本を 置いて あげました。
   (2) 駅まで 迎えに 行って あげました。
   (3) おもちゃを 買って あげませんでした。
   (4) お金を 貸して あげませんでした。

응용연습

✿ 청취 문제 연습

(例) 先生、来週は病院に行くので授業を休ませてください。答えは④です。
(1) すみませんが、一枚撮らせてくれませんか。
(정답) ③
(2) 今日は私に払わせてください。
(정답) ②
(3) ちょっとここに置かせてもらってもいいですか。
(정답) ①

なんでも はなせる ひと 28

I

質問1　理想の友達について、内容と合っているものを選んでください。

① 親にも紹介できる人　② 信頼しあえる人

③ わがままな人　④ よく話す人

(정답) ②

質問2　内容と合っているものを選んでください。

① 森田さんは信頼できる人だ。　② 友達はわがままで困る。

③ 友達にも遠慮は必要だ。　④ お互い信じあえることが大切だ。

(정답) ④

II

質問1　中村さんは何が難しいと言っていますか。

① 韓国語を読むこと　② ドラマを見ること

③ ニュースを理解すること　④ 長音を聞き取ること

(정답) ③

質問2　森田さんは何で苦労していると言っていますか。

① 読めないこと　② 発音と表記が違うこと

③ 聞き取れないこと　④ 読めない漢字が多いこと

(정답) ②

문형연습

1. (1) ここで 本が 借りられます。
   (2) ここで たばこが 吸えます。
   (3) インターネットで チケッが 予約 できます。
   (4) 私は ピアノが 弾けます。
   (5) 私は 100メートル 泳げます。

2. (1) 来週はテストがあるらしい。
   (2) 彼は 来年 日本に 行ったらしい。
   (3) イさんの 家は 遠いらしい。
   (4) あの コートは 高級品らしい。

3. (1) 春らしい。
   (2) ねむいらしい。
   (3) 授業が おわったらしい。
   (4) 昼休みらしい。
   (5) 掃除を したらしい。

4. (1) けんかを するなんて キムさんらしくない。
   (2) 宿題を 忘れるなんて イさんらしくない。
   (3) 雪が 降るなんて 11月らしくない。
   (4) 食欲が ないなんて 森田さんらしくない。
   (5) からい ものが きらいだなんて 韓国人らしくない。

よく きて くれました 29

응용연습

✿ 받아쓰기 연습

鈴木	きのしたさん、りょこう(旅行)は すきですか。
木下	わたしは りょこう(旅行)は ちょっと にがてなんです。
鈴木	どうしてですか。りょこう(旅行)は いろんな ひとに 会える し、めずらしいものも 食べられる から、わたしは すきですよ。
木下	それは いいんですけど、ばしょが かわると よく 寝られない んですよ。それで たいちょうを くずして しまうんです。
鈴木	そうですか、それは ざんねんですね。
木下	わたしも おいしい ものを 食べたり おみやげを 買ったり するのは すきなんですけどね。

✿ 청취 문제 연습

書き取りの会話をもう一度聞いて質問に答えてください。

鈴木：きのしたさん、りょこう(旅行)は すきですか。
木下：わたしは りょこう(旅行)は ちょっと にがてなんです。
鈴木：どうしてですか。りょこう(旅行)は いろんな ひとに 会えるし、めずらしいものも 食べられるから、わたしは すきですよ。
木下：それは いいんですけど、ばしょが かわると よく 寝られないんですよ。それで たいちょうを くずして しまうんです。
鈴木：そうですか、それは ざんねんですね。
木下：わたしも おいしい ものを 食べたり おみやげを 買ったり するのは すきなんですけどね。

質問１　鈴木さんはなぜ旅行が好きですか。
　① 遊ぶのが好きだから　　② 新しい出会いがあるから

③ かわった体験ができるから　④ 買い物がすきだから
(정답) ②

質問 2　木下さんはなぜ旅行が嫌いですか。
① 人に会うとつかれるから　② 料理がおいしくないから
③ 家以外では眠れないから　④ バスに乗ると気分が悪くなるから
(정답) ③

I

質問　内容とあっているものを選んでください。
① キムさんがつまらないものを持ってきたので、先生は気分がよくなかった。
② キムさんは正月に先生の家に行った。
③ 先生の料理は口に合わない。
(정답) ②

II

質問　内容と合っているのはどれですか。
① 女の人が配達する
② いつ配達するか、まだわからない
③ 配達する前に女の人は電話をかける
④ 女の人は本棚を買った
(정답) ④

문형연습

1. (1) 知らない　人が　助けて　くれました。
(2) 友達が　宿題を　手伝って　くれました。

(3) 隣の 部屋の 人が 荷物を 運んで くれました。
(4) 母が お金を 送って くれました。
(5) 店の 主人が 安くして くれました。

2. (1) 先生が 案内して くださいました。
(2) 誰かが 電話を 届けて くださいました。
(3) 古い 先輩が お金を 寄付して くださいました。
(4) 先生が 見舞いに 来て くださいました。
(5) 社長が ほめて くださいました。

3. (1) 兄に 夕食を 作って もらいました。
(2) 父に 駅まで 送って もらいました。
(3) 先生に 古い 写真を 見せて もらいました。
(4) 友達に 日本の 歌を うたって もらいました。
(5) 先生に ビデオを 貸して もらいました。

4. (1) すみませんが、名前を 書いて もらえますか。
(2) すみませんが、この 漢字を 読んで もらえますか。
(3) すみませんが、明日 少し 早く 来て もらえますか。
(4) すみませんが、その本を 見せて もらえますか。
(5) すみませんが、写真を とって もらえますか。

응용연습

✿ 받아쓰기 연습

A すみませんが、もう 少し おくに つめて もらえませんか。
B おくも ひとが いっぱいなんです よ。
A じゃあ、すみませんが、この にもつを たなに 上げていただけませんか か。
手が とどかないもので。
B あ、いいですよ。ここで いいですか。

A　はい、どうもすみません。

✿ 청취 문제 연습

(1) 男：しつれいします。

女：はい、どうぞ。こちらにおかけください。

① コートを買う ② 名前を書く ③ 座る

(정답) ③

(2) 女：ハンバーガーとコーヒー、こちらでお召し上がりですか。

男：はい。

① ここで食べる ② 店を出る ③ ここでコピーする

(정답) ①

(3) 男：しつれいですが、乗車券を拝見します。

女：はい、どうぞ。

① 乗車券を買う ② 乗車券を入れる ③ 乗車券を見る

(정답) ③

(4) 女：みなさん、右側をご覧ください。富士山がご覧いただけます。

男：え、どこ?

① 右を見る ② 右に曲がる ③ 右に戻る

(정답) ①

擬声語(ぎせいご)・擬態語(ぎたいご) 30

I

質問1　男の人はどうして猫を拾いましたか。

① かわいいから ② かわいそうだから ③ 気持ちいいから

(정답) ②

質問2　女の人はどうして猫が嫌いですか。

① 汚いから ② 濡れているから ③ 目が光るから

(정답) ③

質問3　次ぎのうち「ふわふわ」しているのはどんなものですか。

① 固い紙 ② 重いかばん ③ タオル

(정답) ③

II

質問1　どんなとき「ぞくぞく」しますか。

① 暑い時　② のんびりしている時

③ 寒い時　④ 怒っている時

(정답) ③

質問2　「ちかちかする」というのはどういう感覚ですか。

(정답) ①

① 痛い ② かゆい ③ 重い ④ 柔らかい

문형연습

1. (1) ごくごく 飲みます。
   (2) すらすら 読みます。
   (3) ぐうぐう 寝ます。
   (4) ぶらぶら 歩きます。
   (5) てきぱき 仕事を します。

2. (1) 雨が ざあざあ ふります。
   (2) 星が きらきら ひかります。
   (3) 道が つるつる すべります。
   (4) 酔っぱらいが ふらふら 歩きます。
   (5) 雷が ごろごろ なります。

3. (1) さらさらの かみのけ
   (2) ぴかぴかの 自転車
   (3) ほかほかの ごはん
   (4) ぶかぶかの くつ
   (5) ぼろぼろの かばん

응용연습

✿ 받아쓰기 연습

(1) 女　昨日のテスト、どうだった?
男　難しくて ぜんぜん 歯が立たなかった よ。

(2) 女　本当に だれにも 言わないでね。
あなたは 口が軽い から ちょっと 心配だな。
男　だいじょうぶ。だれにも 言わないから 教えてよ。

(3) 男　今日の みそしる、どう?
女　あ、おいしい。
さいきん、料理の 腕が上がった みたいね。

(4) 女　あの方も おしりあい なんですか。
顔が広い ですね。
男　いや、それほどでも ありませんよ。

(5) 女　あ、その時計、ほんものでしょう。
男　わかりますか。さすが 木村さん、目が高い なあ。

(6) 男　今日は あちこち 歩きまわって、すっかり 足が棒 だよ。
女　たいへんだったわね。おつかれ様。

(7) 女　先輩の 日本語、日本人みたいに 上手ですね。
男　そんなことないよ。きみは 口がうまい なあ。

일본어 듣기 첫걸음

초판 1쇄 발행 2010년 2월 25일
초판 2쇄 발행 2013년 9월 1일
초판 3쇄 발행 2018년 2월 20일
초판 4쇄 발행 2022년 2월 28일

지은이 한국외국어대학교 일본학술도서편찬위원회
발행인 고윤성 Director, University Knowledge Press
편집장 신선호 Executive Knowledge Contents Creator
도서편집 이근영 Contents Creator
장혜정 Contents Creator
재무관리 조아라 Managing Creator
정윤경 Managing Creator
전자책 · 사전 장지혜 Contents Creator
발행처 한국외국어대학교 지식출판콘텐츠원
02450 서울특별시 동대문구 이문로 107
전화 02)2173-2493~7
FAX 02)2173-3363
홈페이지 http://press.hufs.ac.kr
전자우편 press@hufs.ac.kr
출판등록 제6-6호(1969. 4. 30)
디자인 · 편집 (주)이환디앤비 02)2254-4301
인쇄 · 제본 네오프린텍(주) 02)718-3111

ISBN 978-89-7464-601-1 18730 정가 15,000원

• 잘못된 책은 교환하여 드립니다.

HU:NE은 한국외국어대학교 지식출판콘텐츠원의 어학도서, 사회과학도서, 지역학 도서 Sub Brand이다. 한국외대의 영문명인 HUFS, 현명한 국제전문가 양성의(International+Intelligent)의 의미를 담고 있으며, 휴인(携引)의 뜻인 '이끌다, 끌고 나가다'라는 의미처럼 출판계를 이끄는 리더로서, 혁신의 이미지를 담고 있다.

이 책의 음원(mp3)은 한국외국어대학교 지식출판콘텐츠원 홈페이지(press.hufs.ac.kr) – 게시판 – 자료실에서 다운받아 사용하시기 바랍니다.